Klassische Schullektüre
Herausgeber: Ekkehart Mittelberg

Kommt uns nicht mit Fertigem

Politische Lyrik aus zwei Jahrhunderten

Lehrerheft von Ekkehart Mittelberg

Cornelsen

Die Texte von Theodor W. Adorno, Gottfried Benn, Volker Braun, Hans Magnus Enzensberger, Günter Grass, Marie Luise Kaschnitz, Sarah Kirsch, Ursula Krechel, Kurt Tucholsky und Christa Wolf sind nicht rechtschreibreformiert.

Die mit SH gekennzeichneten Seitenhinweise in diesem Heft beziehen sich auf das Schülerheft, die mit LH gekennzeichneten auf dieses, das Lehrerheft.

Umschlaggestaltung: Matthias Mantey
Technische Umsetzung: Enev Design & Consulting, Berlin

Cornelsen online http://www.cornelsen.de

1. Auflage € Druck 4 3 2 1 Jahr 04 03 02 01

Druck: Saladruck, Berlin

ISBN 3-464-60158-7

Bestellnummer 601587

Gedruckt auf Recyclingpapier, hergestellt aus 100 % Altpapier.

INHALT

Zwischen Wand- und Widersprüchen/Machen sie es sich bequem
Ideologiekritik

Tun sich mit dem teutschen Land dick
Nationalsozialismus

Sie sagt dir, wie über Schweres
Der Weg zum Leichten geht
Partei

Seid unbequem, seid Sand [...] im Getriebe der Welt!
Politische Erziehung

Sie frisst ihre Kinder
Revolution

Abteilung Mensch weiblich
Situation der Frau

VORWORT

Das Schülerheft von *Kommt uns nicht mit Fertigem* enthält einige sehr anspruchsvolle Gedichte, etwa *Soziale Säuberung* von Peter Rühmkorf oder *Der See* von Karl Mickel. Ursprünglich sollten nur solche schwer verständlichen Beispiele interpretiert werden. Weil jedoch die Meinungen über den Schwierigkeitsgrad mehrerer Gedichte auseinander gehen können, wurden alle gedeutet.
Allerdings stellen die Stundenskizzen und die Unterrichtssequenz zum Kapitel „Abteilung Mensch weiblich" nur eine exemplarische Auswahl dar. Der Herausgeber hofft, dass das dort beschriebene didaktische und methodische Vorgehen ohne Schwierigkeiten auf die anderen Gedichte und Themenschwerpunkte übertragbar ist.
Sowohl die Gedichte als auch die theoretischen Texte des SHs wenden sich in der Regel an SchülerInnen der **Sekundarstufe II**; nur ein Teil lässt sich bei entsprechender didaktischer und methodischer Reduktion schon im 10. Schuljahr einsetzen.

INTERPRETATIONEN

Wann sag ich wieder *mein* und meine alle
Wiedervereinigung, Folgen der Wende

Eva Strittmatter: *Mein Land*
Nicht nur das Erscheinungsdatum, 20./21. 10. 1971, verdeutlicht, dass die Wiedervereinigung noch nicht vollzogen ist.
Das lyrische Ich bezeichnet beide Teile Deutschlands als „mein Land" und als „zerrissenes Land", das ihm Schmerzen macht. Es leidet daran, dass das Land eigentlich eine Einheit ist, aber aus zwei Teilen besteht. Eine Metaphernkette von den Siamesenzwillingen, die gemeinsam leiden, sich nicht trennen können und doch für sich gehen wollen, schildert den Schmerz.
Ausgedrückt wird eine tragische Situation; denn das lyrische Ich sieht außer Vernichtung („sich verbrennen", SH, S. 8, Z. 11) der beiden Teile oder Weiterbestehen im Hass keinen Ausweg. Die Tragik wird verschärft dadurch, dass das lyrische Ich von dem Auftrag spricht dieses „verfluchte Land" (Z. 14) zu lieben.
Die letzten Zeilen zeigen aber, dass das Gefühl gegen die Vernunft, die von Ratlosigkeit, was sie lieben soll, spricht, sich in einem Maße identifiziert hat, wie es nur die Liebe kann: „Mein Land, wunder- und wundenvoll,/Mit dem ich falle/Oder mich erhebe." (Z. 15 ff.)
Das Gefühl wird in traditionelle Reime gekleidet, die an die Romantik erinnern: a b, a b-Reim, der allerdings im 5. und 7. sowie im vorletzten Vers unterbrochen wird.
Die Spannung des Gedichtes spiegelt sich eher in den unruhig wechselnden Metren: Jamben in den ersten beiden Versen, Daktylen und Trochäen und Jambus im dritten Vers, Jamben im vierten und so fort.

Man fragt sich, ob dieses Gedicht mit seiner monologischen und expressiven Sprache, das sich nur in einer Zeile an einen anonymen Partner richtet („Und ihr verlangt, dass ich es lieben soll“, Z. 13) als politisch bezeichnet werden darf. Das Politikum ist nicht etwa der Aufruf zur Veränderung eines Zustandes, sondern die Schilderung eines weit verbreiteten Leidens an der Trennung des Vaterlandes in Deutschland, wenngleich das Individuum scheinbar nur für sich spricht. Das Gedicht ist politisch durch den Ausdruck eines kollektiven Gefühls.

Uwe Grüning: *Fahrt zum Palast der Republik*

Im April 1990 ist die Wiedervereinigung vollzogen. Dem lyrischen Ich hat sie kein Glück gebracht. Trotz des neuen Reichtums sind „die Ängste [...] noch die gleichen“, SH, S. 9, Z. 28 f. Das Thema ist selbstverständlich kein Zufall, denn der „Palast der Republik“ war ein Wahrzeichen der untergegangenen DDR. Obwohl das Land sich den aufwendigen Bau kaum leisten konnte, hat es „das modernste Kulturgebäude Europas – zumindest was die Innenarchitektur betrifft –“ („Der Facility Manager“, Internet, 11. 3. 2001) geschaffen. Auf der Fahrt zum Palast der Republik lässt der Dichter die Umbruchszenerie Revue passieren.

Den neuen Tagebau nimmt er zwar wahr, aber für ihn ist „die Zeit der Verwüstungen nicht vorüber“ (Z. 4 f.). Er ist sich aber dessen sicher, „dass die Epoche zu Tode stürzt“ (Z. 8). Welche er meint, sagt er nicht direkt. Vom Schluss des Gedichtes her gesehen muss man aber annehmen, dass die Ära der Nachwende gemeint ist. Er nennt sie „Moderne“ (Z. 25) und kritisiert an ihr die Konturlosigkeit: „konturlos wie alles,/was die Moderne hervorbringt“ (Z. 24 f.). Der neue Reichtum werde zwar Superzüge und Blinkstahl produzieren, aber diese Zivilisation werde die Natur aus dem Blick geraten lassen: „dass kein Baum seine Blätter verrät“ (Z. 21).

Der Tenor des Gedichtes ist resignativ. Das lyrische Ich erwartet wenig Besserung von der Zukunft. Es weiß, „dass die Epoche zu Tode stürzt“ (Z. 8).

Wie Strittmatters *Mein Land* wirkt auch dieses Gedicht monologisch und expressiv. Mit dem symbolträchtigen „Palast der Republik“ im Thema ist es aber dennoch politisch. Die Kritik richtet sich auf das Vergangene („Die Zeit der Verwüstungen/ist nicht vorüber“, Z. 4 f.) und auf die Gegenwart, in der die Ängste immer noch die gleichen sind. Die politische Botschaft ist das Warten auf den Tod der Epoche.

Karl Krolow: *Das Denken in Immobilien*

Das Motiv des Gedichtes ist die Enttäuschung über den Materialismus im wieder vereinigten Deutschland. Dieser äußert sich im Denken in Immobilien.

In der Ideologie der neuen „Shareholdergesellschaft“ (vgl. Rühmkorf: *Soziale Säuberung*, SH, S. 13 f.) wird die fantasielose Welt des materialistischen Denkens als „folgerichtig“ bezeichnet. Die Abschaffung von Fantasie und immateriellem Wünschen gilt diesem Bewusstsein als männlich.

(Selbst)ironisch bezeichnet Krolow ein Denken, das nicht nur auf den Nutzen fixiert ist, als „falsche Ideologie" (SH, S. 10, Z. 14) um die Perversion zu verdeutlichen, die nach der Wende in beiden Teilen Deutschlands herrscht.
Dieses politische Gedicht will natürlich nicht zum Staunen als Anfang resignativer Weisheit aufrufen und auch nicht zum Verschweigen. Die letzten beiden bitter-ironischen Zeilen meinen das Gegenteil. Anders als in den zwei vorausgegangenen Gedichten mit Sprecherbezug, wird dieses vom Real- oder Sachbezug und vom Hörer-Leser-Bezug bestimmt (vgl. Fingerhut/Hopster: *Die vier Bezüge des Sprachzeichens*, SH, S. 105). Es wird deutlich, dass politische Lyrik nicht nur an den Hörerbezug, also an die appellative Funktion des Sprechens gebunden sein muss. Indem das lyrische Ich seine Erkenntnis von dem materialistischen Denken einfach darstellt, ist der Appell zur Abkehr von der Ideologie des Kommerzes nicht geringer als wenn direkt dazu aufgerufen würde.
Gleichwohl liegt ein Reiz des Gedichtes darin, dass es durch Fragen den Leser/die Leserin zu kritischem Denken aufruft, also nicht ganz auf den Appell verzichtet. Die Trauer über den Verlust der Fantasie wird in beweglichen Metren und Reimen gebändigt. In der ersten und zweiten Strophe haben wir es mit einem umarmenden Reim, in der dritten mit einem Wechsel von Kreuzreim und Paarreim zu tun, aus dem die Zeile mit der zentralen Aussage „in die falsche Ideologie" (Z. 14) ohne Reimentsprechung Aufmerksamkeit heischend herausfällt.

Volker Braun: ***Das Eigentum*** (vgl. auch LH, S. 74)
Obwohl das lyrische Ich seines Eigentums beraubt wurde, wahrt es dennoch die Form: Regelmäßige Jamben werden nur im zweiten Vers von Trochäen unterbrochen, die zusätzlich die Bedeutung einer Zeile unterstreichen, die schon vom Druckbild herausgehoben wird. Der Reim ist variabel, aber nicht spielerisch. Mit Festigkeit unterstreicht er eine entschiedene Aussage: Im Paarreim wird mitgeteilt, dass das lyrische Ich standhält. Mit dem Exodus in den Westen hat sich ins Gegenteil verkehrt, was bisher gültig war. Der kommunistische Staat hatte es zumindest offiziell mit Büchners „Landboten" gehalten, wenn er den Hütten den Frieden sicherte und den Palästen den Krieg erklärte. Nun wird die Maxime umgekehrt.
Auffällig ist, dass die Zeile „Ich selber habe ihm den Tritt versetzt" (SH, S. 11, Z. 3) ohne Reimentsprechung bleibt. Aus dem Kontext kann man sie nur so verstehen, dass das Land des lyrischen Ich seine Grundsätze verraten hat. Der Bescheidung folgt „der Sommer der Begierde" (Z. 5). Das, woran der Dichter bisher geglaubt hat, das, was er geschrieben hat („mein ganzer Text", Z. 7), wird in der Welt der Paläste unverständlich. Was durch mangelnde Konsequenz seines Lebens („Was ich nicht lebte", Z. 9) nicht gelebt wurde, wird er ewig missen.
Die Welt seiner Gedanken kann ihm entrissen werden, weil er von der Hoffnung lebte: Denn sie hat sich als Falle entpuppt. Diese bitteren Einsichten werden von „Zierde" (Z. 4) bis „missen" (Z. 9) in drei Paarreimen mitgeteilt.

Die pointierte Schlussaussage mit den Reimen a a a wirkt bündig und luzid wie das Ende eines Sonetts. Der politische Gegner, mit „ihr“ bezeichnet, hat den sozialistischen Altruismus, das Eigentum – hier darf man wohl sagen Brauns – auf der Kralle. Jetzt wird vollends klar, was der entrissene Text bedeutet: Wer *mein* sagt und damit alle meint, wird nicht mehr verstanden. Die Sehnsucht bleibt.

Christa Wolf: *Prinzip Hoffnung*

Das Datum des Erscheinens, Dezember 1991, legt nahe, dass dieses Gedicht nicht Vergangenheit im Allgemeinen anspricht, sondern speziell Vergangenheit in der DDR vor der Wende. Es wird nicht festgelegt, ob nur die Vergangenheit des Staates DDR gemeint ist oder auch die der Dichterin. Die Offenheit des Gedichtes lässt aber beide Versionen zu. Eben diese Offenheit schließt selbstverständlich nicht aus auch andere Vergangenheiten in Betracht zu ziehen. Überlebende eines Genozid oder jeder Diktatur mögen im Sinne des Gedichtes fühlen und denken.

Was sind das für Bewegungen, welche die „Nägel/ins Fleisch“ (SH, S. 11, Z. 5 f.) treiben? Auch hier wieder semantische Nischen, die unterschiedlich gefüllt werden können. Man kann z. B. an eine Bewegung denken, welche die Vergangenheit vertieft, an eine Bewegung der kritischen Auseinandersetzung mit der Vergangenheit, an eine Bewegung, die erfolglos von der Vergangenheit wegführen soll, an eine Bewegung, die die Vergangenheit verdrängt, nach der man schmerzlich wieder von ihr eingeholt wird.

Die zahlreichen Valenzen des Gedichtes stehen in einer reizvollen Spannung zu der Klarheit und Entschiedenheit der beiden Sätze. Darin zeigt sich ein Spezifikum, das besonders der Lyrik eigen ist: Klarheit der Aussage muss Polyvalenz nicht ausschließen.

Das Gedicht beginnt mit einem Auftakt. Dann folgen auf einen Daktylus zwei Trochäen. Auch in dem zweiten Satz wechseln Daktylen und Trochäen. Auch hier eine interessante Spannung zwischen der entschiedenen, unabänderlich wirkenden sentenzartigen Aussage und der metrischen Lebendigkeit.

Was nun bedeutet die Überschrift *Prinzip Hoffnung*? Man muss für eine sinnvolle Deutung nicht den Schöpfer der Wortkombination, Ernst Bloch, bemühen. Mehrere Möglichkeiten der Auslegung sind wieder denkbar, z. B.: Die Auseinandersetzung mit der Vergangenheit muss stattfinden, wenngleich sie bei jedem Schritt schmerzhaft ist, oder bei religiöser Deutung des Bildes: Nach schmerzhafter Auseinandersetzung mit der Vergangenheit gibt es die Hoffnung auf eine Auferstehung, jedoch im Sinne von Wandlung, weil Schmerzen läutern.

Gerhard Falkner: ***Conditio Germaniae (Deutschlandbild, neu)***

Beim ersten Lesen dieses Gedichts fällt besonders der Schluss auf: „sogar die Sonne/hat ihre schwarzen Tasten" (SH, S. 12, Z. 29 f.). Wir versuchen diese hermetische Aussage zu erschließen, indem wir uns Gehalt und Form des Gedichtes Zeile für Zeile klarmachen.

Die lateinische Überschrift, eine Analogie zu Conditio humana, thematisiert die Lage, die Befindlichkeit Deutschlands. Der zweite Teil der Überschrift gibt gleich eine vorläufige Antwort darauf: Das Deutschlandbild des Jahres 2000 ist neu.

Fragt ein Ausländer nach Deutschland, so fallen diesem gleich die in den ersten beiden Zeilen erwähnten traditionellen deutschen Tugenden ein. Doch die gibt es nicht mehr. Die verneinende Antwort erfolgt signifikant für ein anderes Denken in Englisch: „Never!" (SH, S. 11, Z. 3) Man muss es wohl als sarkastische Reminiszenz an die Rassenideologie des Nationalsozialismus verstehen, dass Falkner von den Deutschen als einer Rasse spricht, deren Fingerspitzengefühl von totalem Kommerz bestimmt wird, sodass „vor Gier die Fingernägel splittern" (Z. 5). Außer Kaufen gibt es keine Alternative, es sei denn Sterben. Ganz und gar negativ ist das neue Deutschlandbild dennoch nicht; denn Innovation könne auf Anforderung beispiellos schnell geliefert werden. Aber man darf nicht übersehen, dass dieses positiv besetzte Wort zwischen den pejorativen Begriffen „Gier" (Z. 5) und „gefräßige Leere" (Z. 13) steht.

Deutsche sind unfähig Unordnung zu halten. Eine Tugend wäre, diese ertragen zu können. Die Umkehrung, nämlich Ordnungssucht, erzeugt „eine gefräßige Leere" (Z. 13), die die Menschen, welche nicht auf ständigen Erfolg getrimmt sind, „den Boden/unter den Füßen/verschlingt" (Z. 14 ff.). Diese werden aus der Sicht der Erfolgsgewohnten (Der Schluss zum Gegenbegriff von „Untermenschen": „Herrenrasse" liegt nahe.) zynisch als „erfolgsfeige Untermenschen" (Z. 16) bezeichnet. Das rassistische Vokabular signalisiert, dass Falkner den Erfolgreichen im neuen Deutschland rassistisches Denken unterstellt. Und was wird aus den Erfolglosen, den Überflüssigen? Die Besten von diesen, also die halbwegs Funktionstüchtigen, taugen gerade mal als „neue Dienstbotenrassen" (Z. 18). Damit sind die Ausländer in Deutschland gemeint, die als farbiger Dekor an Urlaub erinnern.

Es gibt Mahnmale in Deutschland, so wie z. B. dieses Gedicht. Aber die Machthaber, die Wirtschaft, lassen sich davon nicht beeindrucken. Sie beherrschen mit ihrem martialischen Vokabular das allgemein verbreitete männliche Denken. (Wer an diesem Befund zweifelt, braucht sich nur Frauen anzuhören, die die Wirtschaft kommentieren; sie haben das männliche Vokabular und damit auch das hier kritisierte Bewusstsein als Journalistinnen voll übernommen.)

In Deutschland herrscht die Wirtschaft, in der Wirtschaft herrschen die Machos, so kann man die Botschaft Falkners salopp zusammenfassen, „aber was soll's!/sogar die Sonne/hat ihre schwarzen Tasten" (Z. 28 ff.).

Nach dieser Tour de Raison erscheint die Schlussaussage weniger rätselhaft: Das neue Deutschlandbild vergleicht ironisch Germania mit der Sonne. Auch die hat schwarze Tasten/Flecken.

Peter Rühmkorf: ***Soziale Säuberung***

Dass es sich um ein zutiefst ironisches, auch selbstironisches Gedicht handelt, geht schon aus der kleineren Unterüberschrift hervor. Das lyrische Ich verschafft sich Luft in einem Selbstgespräch über „soziale Säuberung", benötigt dazu aber geistigen Beistand.

Dieses Gedicht ist hochpolitisch im Sinne von Bewusstseinserweiterung, obwohl hier nach Fingerhut/Hopster (*Die vier Bezüge des Sprachzeichens*, SH, S. 105) nicht die appellative, sondern durch den monologischen Charakter die expressive Funktion der Sprache vorherrscht.

Das lyrische Ich geht mit sich selbst zu Rate: Der „alte, schief gebügelte Hosenstall" (SH, S. 13, Z. 1) steht als Pars pro toto für den alten Schriftsteller, der in dem kritischen Selbstgespräch in Betracht zieht nicht ganz richtig eingestellt, also schief gebügelt zu sein. Soll er wie Moses (vgl. Sacherläuterung 1, SH, S. 117) die zerschlagenen Gesetzestafeln noch einmal neu nachschneiden, das fragt er sich. Davor steht zunächst die Rechenschaft („Was steht denn positiv drauf auf deiner Schreibunterlage?", Z. 4).

Die Medien von rechts bis links sind jeden Tag mit der allein selig machenden WAHRHEIT „wie aus der Spritzpistole geschossen" (Z. 8) schnell bei der Hand. Der Schriftsteller meint, bevor man diese Pseudowahrheit durchschaue, fehlten noch ein paar beispielhaft belehrende Schicksalsschläge.

Als „Teilzeitkraft" (Z. 16), also mit Nachdenken ohne ganzen Einsatz, fühlt man sich vorzeitig gerettet. Aber das währt natürlich nicht lange.

Man braucht einen festen Bezugspunkt um sich selbst zu justieren. Aber wo ist der zu finden?

Während er noch entsetzt im Nachrichtenteil („Metzgerauslage", Z. 20: angesichts der Wirklichkeit kein Sarkasmus) die Gräuel des Tages anstarrt, wird der „eigene unmaßgebliche Laden" (Z. 23) (die sog. westliche Wertegemeinschaft) „bereits durchgekämmt, saniert, sozial gesäubert" (Z. 24), das heißt gleichgeschaltet im Sinne der Shareholdergesellschaft.

Die Gedanken an den Balkankrieg, an die Schlacht auf dem Amselfeld, lassen den des Trostes bedürftigen Lyriker eine Flasche Amselfelder assoziieren. Es ist natürlich triefend ironisch, wenn er bemerkt, „ohne geistigen Beistand" (Z. 28) werden ihm die Vorzüge unserer westlichen Wertegemeinschaft kaum noch einzutrichtern sein.

Entsprechend der Desillusionierung des lyrischen Ichs wird Lyrik jetzt grundsätzlich und das heißt insbesondere die *Sprache* reflektiert. Eine der politischen Lehren dieses Gedichts ist, dass „jedes Wort neu aus dem Dreck gezogen,/jedes Bild dreimal umgedreht,/jeder Blick geprüft gehört" (Z. 33 ff.).

Im Irak-Krieg gegen Sadam Hussein z. B. wurden auf dessen Befehl militärische Objekte mit „menschlichen Schutzschilden" (Z. 36), mit wehrlosen Zivilisten, gesichert. Das konnte jedoch – es musste als Vorwand herhalten – des Dichters Kritik an der Schutzmacht USA nicht zum Schweigen bringen. Auch die Lobredner der

„Partnerschaft für den Frieden" sind ihm ein Gräuel. (Im Internet definiert sich Partnership-for-Peace so: „Die Partnerschaft für den Frieden ist eine politische Initiative, die gemeinsam von der NATO und 26 Partnerstaaten getragen wird. Sie will Frieden, Freiheit, Demokratie und Sicherheit in Europa stärken, indem sie die Entwicklung einer demokratischen Wertegemeinschaft und das gegenseitige Vertrauen durch aktive Zusammenarbeit fördert, die demokratische Kontrolle der Streitkräfte und die Transparenz im Verteidigungsbereich stärkt und die Fähigkeit der Partner erhöht gemeinsam an friedensunterstützenden Einsätzen unter einem Mandat der UNO oder der OSZE teilzunehmen, sofern sie dies wollen.", www.pfp.ethz.ch)

Nun folgt eine Invektive gegen die eigenen Leute und die „Partnership-for–Peace-Panegyriker" (Z. 42). Es wirkt, als würde die Assoziation mühelos zu den Treuebrüchen und deren Vergleich mit Wertpapierhandel zu den „Couponschneidern des Systems" (Z. 49) (eine Formulierung von Karl Marx) gleiten. Dahinter steckt aber harte Arbeit. Jedes Bild wurde dreimal umgedreht.

Über der Philippika gegen die Shareholdergesellschaft hat man die monologische Struktur des Gedichtes fast vergessen. In einem Anflug von Sentiment kommt das lyrische Ich auf das Bild der Eingangszeilen mit Moses auf dem Sinai zurück. Die Bestandsaufnahme der Gesellschaft, in der dieses Ich lebt, ist beendet. Wie Moses hat es die Gesetzestafeln zerschlagen, ist allein auf deren Scherbenhügel.

Was bleibt, ist sich Luft zu verschaffen durch „Abrotzen" (Z. 66) gegen „die ganze/ Quoten sammelnde/Shareholdergesellschaft" (Z. 63 ff.). Vokabeln wie „durchladen" (Z. 61) und „Ziel nehmen" (Z. 62) lassen anklingen, dass der „Qualster" (Z. 58) nur ein Ersatz für die „Knarre" ist.

Dieses politische Gedicht ist von äußerstem *sprachlichen Raffinement*. Der Leser/ die Leserin nimmt an einem Monolog teil, der in Wirklichkeit ein geharnischter Appell zur Säuberung des Bewusstseins durch kompromissloses Denken ist. Würde dieser Appell Schule machen, wäre das eine soziale Säuberung. Der Weg dorthin wird mit Einsamkeit und Bruch mit der bisherigen Identität bezahlt: „Nacht, Nacht, und du allein mit dir/auf deinem Scherbenhügel./Alle Tafeln zerschlagen./Pakte gebrochen./ Eide verletzt." (Z. 52–56)

Eine ungewöhnlich originelle Metaphorik zeichnet dieses Gedicht aus. Sie reicht von rührender Selbstironie („schief gebügelter Hosenstall", Z. 1) über sarkastische Treffsicherheit („Metzgerauslage", Z. 20), über bewusst schnoddrige Alltagssprache („Umkippnummer", Z. 45), über den Griff ins Archiv sozialistischer Bildung („Couponschneider des Systems", Z. 49), über Anleihen beim Volksvermögen („die eigene Großmutter verkaufen", Z. 50), über die schon hervorgehobene großartige Vision der Einsamkeit („Nacht auf dem Scherbenhügel", Z. 52 f.) bis zur befreienden Metapher des „Abrotzens" (Z. 66). Was bei mittelmäßigen Autoren zur Manier verkommt: für einzelne Wörter je eine neue Zeile zu nehmen, das zieht die Schlussmetapher – auch rhythmisch gekonnt – in die Länge, bevor die Schlusspointe kommt: „DAS SCHAFFT LUFT!" (Z. 67)

Kommt uns nicht mit Fertigem
Individualismus in der DDR

Volker Braun: ***Anspruch***
Warum ist dieses Gedicht so provokativ gegenüber jeder Tradition? Warum stellt es den Anspruch auf Erneuerung so eruptiv? Man kann die zweifache Aufforderung des Dichters nach dem Ausschreien der Wünsche nur als Reaktion auf den sozialistischen Realismus verstehen, der bis Mitte der sechziger Jahre in der DDR herrschte. Dieser ließ nur Raum für das historische oder gesellschaftliche Subjekt, das individuelle Subjekt mit seinen Bedürfnissen verschwand im Kollektiv. Wolfgang Emmerich drückt das mit direktem Bezug auf das zu interpretierende Gedicht so aus:
„Unübersehbar wendet sich hier ein Autor seinem Staat, seiner gesellschaftlichen Wirklichkeit zu als einer veränderungswürdigen und veränderbaren – aber ebenso unübersehbar pocht das Subjekt auf seine Rechte: sich selbst produktiv zu erweitern. Um die Rolle dieses Ichs, der Subjektivität, ging es grundsätzlich in der Lyrik jener Jahre." (*Rehabilitierung des Ich*, SH, S. 16) Gerade aus marxistischer Sicht ist es verständlich, dass Autoren als Verfechter dieses Individualismus, aber auch progressive Literaturtheoretiker der DDR darauf bedacht waren, den Verdacht abzuwehren, dass die Rehabilitierung des Ich nur ein Eskapismus ins unpolitisch Subjektive sei.
Silvia Schlenstedt (a. a. O., S. 341) präzisiert:
„Deutlich wird hier: dass mit der genannten Wandlung und Akzentverlagerung nicht eine Absage an politische Problemstellung und gesellschaftlich-öffentliche Gehalte vollzogen wird. Was wirklich vorgeht, ist Aktion und Reaktion einer Lyrik in Gesellschaftsprozessen, die Entfremdung aufheben und mit ihr viele der traditionellen ästhetischen Antinomien; stärker nun können in ihrem wirklichen Zusammenhang und Widerspruch die gesellschaftlich-öffentlichen Verhältnisse als Intimfragen der Individuen gefasst, die übergreifenden Prozesse auf ihre Wirkung auf den Einzelnen hin befragt, Wechselwirkung zwischen gesellschaftlicher Praxis und privater Befindlichkeit bewusst gemacht werden."
Die ersten drei Zeilen des Gedichts *Anspruch* sind Metaphern für das Experiment den individuellen Wünschen Raum zu verschaffen. Die Zeilen 4–9 der ersten Strophe erinnern mit ihren hyperbolischen Metaphern nach langem Stau der Wünsche und Erwartungen an die emotionale Befreiung des Sturm und Drang. Die Metapher vom „Meer unserer Erwartungen" (SH, S. 17, Z. 6) gewinnt durch Daktylen und Enjambements den erforderlichen überbordenen Schwung. In der neunten Zeile schwingt der Rhythmus – wiederum mit dem Inhalt korrelierend – nach der Diärese hinter „Immer erneut" (Z. 9) aus.
Die zweite Strophe führt aus, was Experiment und der Bruch mit der „steifen Routine" bedeuten, nämlich selbstständiges Denken ohne Vorlage („kein Bilderbuch [...] keine peinliche Partitur", Z. 11 f.), aber Disziplin, um die jedoch kein Aufhebens gemacht wird („Feldbett – meinetwegen", Z. 14). Wo die Hoffnung auf Zukunft so groß ist, bedarf es keiner Orden. Die letzte hochfliegende Zeile „Unsere

Schultern tragen einen Himmel voll Sternen" (Z. 17) erinnert wieder an den Sturm und Drang. Zeichen bewussten Bruchs mit der Konvention ist auch die Umgangssprache: „Raus aus den Sesseln, Jungs." (Z. 14)
Die Sprache der dritten Strophe zeigt, dass der erwartete Umbruch total sein soll. Die Metaphorik („Neuland" und „Neuhimmel", Z. 18) strebt umfassende Innovation an, aber nicht Vollendung. Selbst „der Staat für Anfänger" (Z. 19) soll ständiger Erneuerung unterliegen. Braun arbeitet mit einem beliebten stilistischen Mittel politischer Lyrik, der Wiederholung einzelner Begriffe und Metaphern: „Halbfabrikat" (Z. 19), „Hier schreit eure Wünsche aus: an alle Ufer/Trommelt die Flut eurer Erwartungen!" (Z. 20 f.)
Anspruch ist dem Band *Provokation für mich* entnommen. Der Titel ist ein Understatement. Für die alten Genossen muss dieses Gedicht eine enorme Provokation gewesen sein. Wie zum Hohn sagt Braun zum Schluss, dass dies erst der spielerische Anfang sei: „Was da an deine Waden knallt, Mensch, die tosende Brandung:/Das sind unsere kleinen Finger, die schießen nur/Bißchen Zukunft vor, Spielerei." (Z. 22 ff.)
Aus dem Rückblick wissen wir, dass die Knabenmorgenblütenträume dieser Provokation im Frost der Parteidisziplin erfroren sind. Aber an bewundernswertem Mut und Kreativität zur Erneuerung fehlt es dem Büchnerpreisträger Volker Braun nicht.

Sarah Kirsch: *Schwarze Bohnen*
Die politische Wirkung dieses scheinbar nur von Privatem handelnden Gedichts war sehr groß.
„Dass ein solcher Text 1969 als dekadente Poesie gescholten und mit republikfeindlichen Tendenzen in Verbindung gebracht worden ist, zeigt einmal mehr, welche Wirkung die zweite Generation von Lyrikerinnen und Lyrikern in der DDR hatte: beinahe bis an die Grenze unangemessener Aufmerksamkeit für eine Poesie, die gar zuweilen, wie im Gedicht *Schwarze Bohnen*, mit ein paar harmlosen, in Verse gebrachten Realien eine den Realismus im Namen führende Literaturdoktrin aus der Fassung bringen konnte. (Korte, a. a. O., S. 135)
In der Tatsache, dass verschiedene Literaturgeschichten *Schwarze Bohnen* teilweise abdrucken und kommentieren, spiegelt sich das Politikum dieses Gedichtes, das eigentlich ein Liebesgedicht ist, welches „am Ende das erst freudige, dann vergebliche Warten auf den Geliebten einfängt" (Emmerich, a. a. O., S. 232). Es ist aber nicht so, dass ein Liebesgedicht als solches die Apologeten des sozialistischen Realismus so entrüstet auf den Plan gerufen hätte. Die Tatsache, dass Kirsch die Darstellung des Individuellen so weit treibt, dass sie unbekümmert und damit aufreizend von Trivialitäten berichtet („nachmittags setze ich den zermahlenen Kaffee/rückwärts zusammen schöne/schwarze Bohnen", Z. 6 ff.), war der Skandal.
Die anaphorische Reihung von Alltäglichkeiten und der banale Titel unterstreichen die Abkehr von sozialistischen Glaubensbekenntnissen, wie sie etwa die Agitprop-Literatur (Agitprop: Agitation und Propaganda) eingefordert hatte.

„Erst mehrfaches Lesen lässt entdecken, welch mühsamer Arbeitsprozess und welche Konfliktdimension in jedem einzelnen Gedicht steckt, so z. B. in [...] *Schwarze Bohnen.*“ (Emmerich, a. a. O., S. 232) Wir lassen offen, ob hier dem Gedicht nicht zu viel Ehre angetan wird, aber eine Einsicht kann man hervorragend daran verdeutlichen: Nicht immer bezieht sich politische Lyrik „bewusst und erkennbar auf Herrschaftsverhältnisse“ (Binder/Scholle, SH, S. 102), nicht selten macht die historische Konstellation an einem bestimmten Ort aus einer privaten Äußerung eine politische.

Wolf Biermann: ***Ermutigung*** (vgl. LH, S. 76)
Weil er sich nicht entschieden genug zu der sozialistischen Entwicklung in der DDR bekannte, musste Huchel 1962 als Chefredakteur der Zeitschrift „Sinn und Form“ zurücktreten. Bald darauf folgten Berufs- und Publikationsverbot.
Wolf Biermann selbst hat sich zum Entstehen von *Ermutigung* so geäußert:
„‚Sinn und Form‘, die einstmals bedeutende Zeitschrift der Akademie der Künste, deren Chefredakteur er gewesen war, machten jetzt irgendwelche Kretins des Regimes. Das grämte ihn. So sah ich die elende Einsamkeit, die ihm von der Partei zugedacht worden war, als lebendiges, als abschreckendes und anziehendes Beispiel: Nur wenige seiner alten Freunde wagten sich noch zu ihm. Er war verbraucht, verbittert, verhärtet. Aber als ich glaubte ihn ermutigen zu müssen, da merkte ich gar nicht, dass ich mir nur selber Mut zusprach. Trotzdem ist ihm dieses Lied gewidmet.“ (*Über Peter Huchel*, SH, S. 20)
Vier Strophen von *Ermutigung* werden anaphorisch mit dem freundschaftlichen „Du“ eingeleitet, die fünfte beginnt mit dem ebenfalls freundschaftlichen und zugleich solidarischen „Wir“.
Damit ist ein klarer Aufbau in fünfzeiliger Strophe – Wolfgang Kayser nannte sie eine „verkannte Schönheit“ – vorgegeben. Die Strophen gliedern sich in den Appell der ersten beiden Verse und dessen Begründung in den drei folgenden. Diese geschmeidige Strophenform eignet sich vorzüglich unterschiedliche Akzentuierungen des Sinns vorzunehmen: Die ersten Verse von vier Strophen zeigen variantenreich („verhärten“, „verbittern“, „erschrecken“, „verbrauchen“) die Versuche der Partei auf, Huchel ihren Willen aufzuzwingen. Der erste Vers der fünften Strophe setzt dem Widerstand entgegen: „nicht verschweigen“ (SH, S. 19, Z. 21)!
Die zweiten Verse aller Strophen variieren das Thema „Zeit“, zunächst in einer Klimax über „harte Zeit“, „bittre Zeit“ zu „Schreckenszeit“, dann wird der Leidtragende aufgefordert „seine Zeit“ zu gebrauchen um die „Schweigezeit“ zu brechen.
Der dritte, vierte Vers in Reimen und mit besonderer Pointe der fünfte, in Reimkorrespondenz mit dem zweiten, handeln von der Strategie des Widerstands gegen die Partei. Dabei wird deutlich, dass ein politisches Gedicht schön sein darf, dass aber der Schmelz der Ästhetik die Funktionalität der politischen Aussage nicht überdecken muss. Härte ist unklug, Leid ist keine Waffe gegen die Herrschenden, erst recht nicht das Erschrecken, im solidarischen Bündnis braucht man einander. Gera-

de in dieser Schweigezeit muss man sich artikulieren, das ist die politische Ermutigung dieses Gedichts.

Das Besondere an diesem Gedicht ist inhaltlich der warmherzige Zuspruch der Freundschaft und von der Ästhetik her, dass die traditionelle Strophen- und Reimform mit ihrer schlichten Eleganz die Glaubwürdigkeit des Trostes unterstützt.

Rainer Kirsch: *Meinen Freunden, den alten Genossen*

Rainer Kirsch, dem losen Kollektiv der kritisch kommunizierenden sächsischen Dichterschule angehörend, war einer der ersten, die für die Literatur der DDR das Recht auf Individualismus beanspruchten.

„In den 60er Jahren wurde die Lyrik zum Gegenstand erregter öffentlicher (und auch nichtöffentlicher) Debatten wie nie zuvor in der DDR: Die Ursache war der anspruchsvolle, fordernde Auftritt der Generation der damals 20- bis 30-Jährigen, also derer, die zwischen 1933 und 1940 geboren waren: ‚Jung, nicht von Kriegen entstellt, Herrn ihres messbaren Tags' (R. Kirsch)." (Emmerich, a. a. O., S. 224)

Das Gedicht *Meinen Freunden, den alten Genossen* ist eine Rechtfertigung für die Abgrenzung einer neuen Generation von den alten Genossen. Diese vollzieht Kirsch in einem englischen Sonett. Auf drei Quartette folgt ein Reimpaar, das wie ein Distichon ein Summary des Vorausgegangenen darstellt.

Das erste der wie im klassischen Sonett a b b a reimenden Quartette stellt den Anlass zu der Rechtfertigung dar. Richtig ist, dass die alten Genossen das Haus „DDR" gemauert haben. Weshalb aber die jungen nicht einfach Adepten sein dürfen, es sich nicht kommod machen können, das beantworten die beiden folgenden Quartette.

Die zweite Generation der Genossen in der DDR hatte es nicht mehr mit den klaren Fronten der Pioniere dieses Staates zu tun, die leicht erkennbar den kapitalistischen Klassenfeind vor Augen hatten. In einem Staat, in dem sich inzwischen fast alle zum Kommunismus bekannten, galt es nun, zwischen Abweichlern, Revisionisten, Dogmatikern etc. zu unterscheiden. Es ging um ideologische Richtungskämpfe, die es schwer machten, „im Freund die Fronten klar zu scheiden" (SH, S. 21, Z. 7). Da aber auch das Aufbrechen von Verkrustungen gefordert war, durfte man nicht einfach „Unbequemen" (Z. 8) aus dem Wege gehen.

Wo verlangt wird den Überbau der Ideologie immer wieder veränderten Produktionsverhältnissen anzupassen, da ist eine andere Liebe erforderlich als bei der Aufbaugeneration und vielleicht schärferer Verstand.

Im Namen der jungen Genossen verwirft Rainer Kirsch pragmatische Kompromisse, sowohl für die Zukunft („Träume ganz beim Namen nennen", Z. 14) als auch für die Vergangenheit und Gegenwart. Wer die ungeteilte Wahrheit kennen will, nimmt „die ganze Last" (Z. 15) auf sich.

Karl Mickel: ***Der See***

Dieses schwer erschließbare, nach seinem Erscheinen 1966 in der DDR umstrittene Gedicht wird von mehreren Literaturgeschichten als „Stein des Anstoßes“ erwähnt, aber konkrete Aussagen zu seinem Gehalt sucht man dort vergeblich. Hermann Korte verweist auf die kontroversen Diskussionen über diesen Text.

„Dass im Naturtableau keine Impression einer Landschaft angelegt war, sondern eine Interpretation gesellschaftlicher Erfahrungen, war allen Kritikern schnell klar, die sich in der FDJ-Zeitschrift „forum“ zu Wort meldeten [...]. Der individuelle Akzent dominiert; und er bricht konsequent, und zwar auch im Hinblick auf die Verstehensschwierigkeit des Textes, mit jenem im Bitterfelder Weg so prononciert umrissenen Ziel der sprachlichen und gedanklichen Einheit von Arbeiterklasse und Schriftsteller. [...] Der Subjektivismus-Vorwurf indiziert eine politisch verdächtige Entfernung vom vorgegebenen Schema, sodass die Kritik umso schärfer ausfallen und die Diskussion um den Text umso brisanter werden musste.“ (a. a. O., S. 133 f.)

Wie Korte würden wir dieses Gedicht als individualistisch und nicht als subjektiv bezeichnen. Ein Individuum, in der dritten Strophe fünfmal als „ich“ bezeichnet, setzt sich von Grund auf mit dem See auseinander.

Dieser ist ein Sinnbild für Geschichte, für Gesellschaft nur insofern diese sich in der Geschichte artikuliert hat. Wer sich mit Geschichte auseinander setzt, hat „Antihimmel unterm Kiel“ (SH, S. 22, Z. 2), das heißt, etwas sehr Reales.

Geschichte ist spröde gegenüber dem, der ihr auf den Grund gehen will. So verstehen wir das „aufwärts“ Abstoßen (Z. 6).

Sperrmüll der Geschichte („alte Schuhe“, Z. 7) lebt weiter („Totes gedeiht noch!“, Z. 8). Dort, wo die Vergangenheit auf die Gegenwart stößt und fortwirkt, entstehen „grindige Wundränder“ (Z. 8). Wir verstehen dies als Folge konfliktträchtiger Reibung zwischen Überlieferung/Vergangenheit und Gegenwart.

Dem wissensdurstigen Taucher tritt die Geschichte abweisend, als wider„borstiges Baumwerk“ (Z. 10) entgegen. In der Geschichte sind als lang empfundene Zeitläufte des Alltagslebens sehr kurz und schwierig zu ergründen für den Forscher. Das verdeutlichen die Metaphern in Klammern (Z. 11 f.) und die anschließende rhetorische Frage „Das soll ich ausforschen?“ (Z. 12). Die Metapher von den Amphibien zeigt die Geschichte als Kontinuum von Tod und neuem Leben.

Die dritte Strophe verbildlicht, wie die Auseinandersetzung mit der Geschichte erfolgen kann/soll, nämlich als Anverwandlung mit allen Sinnen, so deuten wir das Leersaufen, und als aggressive Eroberung, so verstehen wir „in Tamerlans Spur, der soff sich aus Feindschädel-/Pokalen eins an“ (Z. 17 f.). Die Auslegung der dritten und vierten Zeile mit den Äußerungen des Gefäßes und des Inhalts scheint das Problem von Sprache und Inhalt bei der Forschung zu thematisieren, die gegenläufig sein können.

Die Deutung der diffizilen Metaphernkette dieser Strophe ist kaum objektivierbar. Dort, wo in den letzten Zeilen („So fass ich die Bäume [...] wohin mit den Abwässern!“, Z. 20–23) von dem handelnden Subjekt (des Forschers?) die Rede ist, beken-

nen wir uns zu einer subjektiven Interpretation. Für uns stehen die Bäume für Probleme. „Und reiße die Mulde empor, schräg in die Wolkenwand“ (Z. 21). Das interpretieren wir als die Geschichte radikal aus ihrem Kontext zu reißen um sie mit der Gegenwart und Zukunft zu konfrontieren, aber nicht als kognitiven Prozess, sondern als sinnenfrohe Apperzeption, das bedeutet für uns das mehrfach wiederholte Saufen. Sind die Fischleiber ein Symbol für das Lebendige in der Geschichte, das durch lebendiges individuelles Eintauchen erfasst werden soll?
Die letzte Zeile („Ich lieg und verdaue den Fisch“, Z. 26) klingt ironisch. Der Umgang mit dem Lebendigen in der Geschichte muss individuell verdaut werden. Das wäre alles andere als eine orthodox marxistische Botschaft und würde die Aufregung erklären, die dieses Gedicht bei seinem Erscheinen unter Linientreuen ausgelöst hat.

Bei uns hat jeder die Freiheit
Aus der Zeit der APO

Franz Josef Degenhardt: ***Ja, dieses Deutschland meine ich*** (vgl. auch LH, S. 78)
Dieses Deutschlandgedicht ist für die Arbeiterklasse geschrieben. Das wird daran deutlich, dass der Adressat, mit „Du“ angeredet, Lohnempfänger ist, und daran, dass seine Sprache gesprochen wird, in der z. B. der geschwänzte Arbeitstag „blauer Tag“ (SH, S. 27, Z. 29) genannt wird, in der der Betrieb als „Laden“ (Z. 32) bezeichnet wird, in der die Arbeitskollegen „Kumpel“ (Z. 42) heißen, in der man sich „umriecht“ (Z. 49).
Das kommunistische Klassenbewusstsein zeigt sich auch darin, dass das Land den Werktätigen gehört und niemandem sonst, dass die Felder als Allgemeinbesitz keine Zäune haben, dass es sich um einen Staat von Arbeitern und Bauern handelt (Z. 31 ff.); denn von Ställen (Z. 37) und von Kumpels im Werk (Z. 41 ff.) ist die Rede. Das Klassenbewusstsein nimmt den Klassenkampf „bis zur letzten Schlacht“ (Z. 63) und die Zukunft einer klassenlosen Gesellschaft vorweg (Z. 63 ff.), wo Straßen und Plätze nur noch nach den großen Namen der Geschichte des Kommunismus/Sozialismus und nach deren Leitwerten („Solidarität“) benannt werden (Z. 71 f.).
Degenhardt legt mit der gelungenen Metapher „geträumt aus rotem Mohn“ (Z. 83) Wert auf die Versicherung, dass das von ihm in Aussicht gestellte klassenlose Deutschland keine Utopie ist (Z. 84 f.).
Dieses sprachlich so schlicht wirkende Gedicht zeigt bei näherem Hinsehen eine variable Reim-Form.
Die ersten beiden Strophen enthalten mit geringen Abweichungen am Anfang der ersten Strophe Paarreime. Die dritte Strophe verzichtet zugunsten komplexerer Inhalte auf Reime. Jedoch die letzten drei Verse, die den Realitätsgehalt von Degenhardts Vision betonen sollen, reimen wieder.

In der ersten Strophe münden mehrere mit „und wo" anaphorisch vorgetragene Charakteristika des von Degenhardt gemeinten Deutschlands in die mit besonderem Sinn behaftet Zeile „weil nämlich euch das Land/und niemand sonst gehört" (Z. 23 f.).
Zu dem beschreibenden und betrachtenden Inhalt passt der ruhige Fluss des jambischen Metrums, das gelegentlich durch Daktylen aufgelockert wird.
Eine Schwäche des Gedichts liegt in dem Refrain. Zwar unterstreichen die Anklänge an das Volkslied *Kein schöner Land* und an die Berliner Linden das Gemeinschaftsgefühl, aber die vierte Zeile „und auch noch anderswo" fällt sprachlich ab.
Alwin Binder und Dietrich Scholle haben politische Lyrik mit dem bewussten und erkennbaren Bezug auf Herrschaftsverhältnisse definiert (SH, S. 102). Weil es um deren Abschaffung geht – eine der zentralen Forderungen der APO –, ist das vorliegende Gedicht politisch.

Erich Fried:
Bekenntnis zur Verwurzelung in der freiheitlich-demokratischen Gesellschaft
Wer meint, das Experiment mit der Sprache müsse in der politischen Lyrik zugunsten der zu propagierenden Inhalte zurücktreten, irrt, wie dieses Gedicht von Erich Fried zeigt.
Die Parodie auf das christliche Glaubensbekenntnis schließt mit einer überraschenden Pointe, die den Glauben an die freiheitlich-demokratische Gesellschaft ad absurdem führt.
Frieds Intention ist, die Bekenntnisse zur freiheitlich-demokratischen Gesellschaft in der Bundesrepublik der sechziger Jahre als Worthülsen zu entlarven. Das erreicht er damit, dass er die wenigen Worte „Glaube", „freiheitlich", „demokratisch", „Gesellschaft" unter Hinzufügung von „selig" und „Seele" in wechselnden Kombinationen darstellt.
Der Hörer/Leser/die Hörerin/Leserin dieses Gedichts gerät in ein Rondeau, in dem er/sie benommen von zweckgerichteter Wortspielerei wie mit verbundenen Augen im Kreise herumgeführt wird.
Das letzte Distichon entfernt die Augenbinde.

Floh de Cologne: *Bei uns hat jeder die Freiheit*
Dieser Text zeigt bei weitem nicht die sprachlich-stilistische Raffinesse wie das motivgleiche *Bekenntnis [...]* von Erich Fried. Er wurde ausgewählt, weil er in einigen Punkten typisch für die politischen Intentionen der APO ist.
Ironisch prangert er an, was die APO mit ihren Demos auf Straßen, in Hörsälen und vor Fabriktoren attackierte: das Verbot der Abtreibung, fehlende Kingergartenplätze, zu hohe Klassenfrequenzen in den Schulen, veraltete Ausbildungspläne, nicht ausreichender Kündigungsschutz, nicht bezahlbare Wohnungen, zu hohe Preise für Luxusgegenstände und mangelnde Chancengleichheit.

Die letzten fünf Zeilen des Agitationstextes unterstellen eine extreme Klassengesellschaft in der Bundesrepublik Deutschland, in der die oberen Zehntausend die Handlungsweise von 60 Millionen Menschen bestimmen.
Angesichts der einfachen Machart stellt sich die Frage nach der Qualität dieses Agitationstextes. Alwin Binder und Dietrich Scholle (vgl. SH, S. 113) nennen die Kriterien der politischen Zweckmäßigkeit und der moralischen Wertung. Das letzte Kriterium ist meistens eine Frage des politischen Standpunkts des Interpreten, die politische Zweckmäßigkeit lässt sich besser beurteilen. Bei dem vorliegenden Text dient der einfache Aufbau mit der ständigen Wiederholung der ungeraden Zeilen dazu, die geraden Zeilen zu einer Häufung von kritisierten Missständen zu nutzen. So wird die Spannung bis zu der Antithese der Schlussaussage gesteigert. Der Agitationstext ist als solcher mit der ohne Umschweife angesteuerten Schlusspointe gelungen.

Jürgen-Peter Stössel: *Bodenlos*

Innerhalb der Kapitalismuskritik der APO nahm die Kritik an der ungerechten Verteilung von Grund und Boden nach dem Bodenrecht einen breiten Raum ein. Man hatte nicht vergessen, dass die deutsche Währungsreform vom 20. 6. 1948 nur scheinbar gleiche Startchancen für alle hergestellt hatte. Einen erheblichen Vorsprung nach der Neuverteilung der neu eingeführten DM hatte, wer über Grundstücke verfügte.
Die erste Strophe des Gedichtes hebt ins Bewusstsein, dass die Lage von Grundstücken über deren Wert entscheidet.
Reizvoll ist die semantische Verbindung des umgangssprachlichen „dass sie nichts/ verloren haben“ (SH, S. 31, Z. 8 f.) – an Stelle von „Unbefugten ist der Zutritt verboten“ – mit „verloren […] den Boden/unter den Füßen“ (Z. 9 f.) als Wortspiel.
Ein ähnliches Wortspiel ist in der zweiten Strophe die Verknüpfung „dass sie allen Grund haben“ (Z. 16) mit „die allen Grund/und Boden haben“ (Z. 24 f.). Das dritte Wortspiel ist „das bestehende/Bodenrecht ein/bodenloses/Unrecht zu nennen“ (Z. 17–20).
Ein Vergleich der im Namen der APO verfassten politischen Lyrik mit der aus der DDR im Kapitel „Kommt uns nicht mit Fertigem“ zeigt, dass Wortspiele und Wortwitze bei der ersteren eine größere Rolle spielten. Dass diese Sprachmittel der Gefahr der Abnutzung unterlagen, wurde schon 1970 bemerkt: „Die sprachlichen und formalen Mittel […] sind immer noch so, wie sie Piwitt schon vor zweieinhalb Jahren beschrieben und kritisiert hat – natürlich abgebrauchter und verschlissener jetzt, der Vorrat an Wortspielen und mühsamen Sprachwitzen ist schließlich nicht endlos.“ (Karsunke: *Gedanken zum Gebrauchswert politischer Lyrik*, SH, S. 114)
Bemerkenswert an *Bodenlos* ist noch, dass politische Lyrik neben der expressiven und appellativen auch in der darstellenden Funktion begegnet (vgl. Fingerhut/Hopster: *Die vier Bezüge des Sprachzeichens*, SH, S. 105) Letztere eignet sich besonders zur Ironie, weil sie distanzierter als die beiden anderen Bezüge wirkt.

Carlo Bredthauer: ***Geben und Nehmen***

Kaum ein Text dieser Sammlung legt so unverhüllt sein Ziel dar, das zugleich das Hauptziel der APO war: Klassenkampf. Die Antagonisten des Klassenkampfes werden am Ende des Gedichtes in klassischer marxistischer Deutlichkeit benannt: Kapitalisten und Proleten.

Das Gedicht beginnt jedoch mit dem Vokabular der Sozialpartnerschaft um es rücksichtslos als Verkleisterung des nach Meinung von Bredthauer tatsächlich stattfindenden Klassenkampfes zu entlarven. Um die Fronten zu definieren schreibt der Autor unverschleiert im Stil des Agitprop (Agitation und Propaganda).

Schon die 1. Strophe unterstellt mit dem traditionellen Bild der „weißen Manschetten“ (SH, S. 32, Z. 5), dass der Arbeitgeber nichts tut.

Die folgenden Strophen haben das Ziel sarkastisch Sozialpartnerschaft als Illusion zu verspotten. Die rhetorische Frage der 2. bereitet die bewussten Sprachwitze der 3. und 4. Strophe vor. Die Agitation kennt keine Scheu vor schrecklicher Vereinfachung. (Jedoch hat ein bestimmtes euphemistisch ideologisches Vokabular auch auf Seiten der Arbeitgeber, z. B. „freisetzen“ statt „entlassen“ „Preise harmonisieren“ statt „Preise erhöhen“, „Ertrag“ statt „Gewinn“, zu der simplifizierenden Propaganda dieses Gedichtes beigetragen.)

Die 5. Strophe bereitet wiederum mit einer rhetorischen Frage vor, dass der Arbeitnehmer aus der passiven Rolle zum Klassenkampf geführt wird. Dass über dieses Ziel kein Missverständnis aufkommt, dafür wird in der 6. und 7. Strophe Umgangssprache verwendet: „gibts ihm/der Arbeitgeber“ (Z. 32 f.), „hart im Nehmen sein“ (Z. 35), „weich in der Birne“ (Z. 36), „zetern“ (Z. 40). Das Gedicht hat sein Ziel erreicht, wo der Begriff „Partner“ destruiert und durch „Klassenfeind“ ersetzt ist. Bredthauer lässt nur in der Schlusszeile eine semantische Nische, gewiss nicht wegen irgendeiner Hemmung, sondern damit der „missionierte“ Hörer/Leser/die „missionierte“ Hörerin/Leserin den Schlusspunkt selber setzen kann.

Gelernter Arbeitsloser müsste man sein
Arbeitslosigkeit

Yaak Karsunke: ***soziale symmetrie***

1969, als dieses Gedicht erschien, gingen Politiker und Medien noch rücksichtsvoller mit Arbeitslosen um. Im Jahre 2001 äußert selbst der Bundeskanzler öffentlich, dass es unter den Arbeitslosen Arbeitsunwillige gebe.

Vielleicht kommt gemessen an diesem Vorwurf dem heutigen Leser/der heutigen Leserin des Gedichtes die Bezeichnung „ungelernte arbeitslose“ (SH, S. 34, Z. 3) der Zeitung in Fettdruck, der Bild-Zeitung, weniger skandalös vor, als sie Karsunke offensichtlich erschien.

Dennoch zeugt die Formulierung der in den Jahren 1967–1969 von der Außerparlamentarischen Opposition massiv kritisierten Springer-Zeitung in zweifacher Hinsicht von Zynismus: Zum einen war ihr Ausbildungsstandard kein Hinderungsgrund, als die Entlassenen eingestellt wurden, und zum anderen ist Qualifizierung für den Arbeitsmarkt immer eine Frage der Vorbildung und geeigneter unterstützender Maßnahmen, Voraussetzungen, die der kritisierte Zeitungsartikel wohl unerwähnt ließ.

Das Denken und Formulieren in Antithesen, hier Unternehmer – Arbeitsloser, und das Weglassen aller Differenzierungen ist für politische Lyrik, die agitierend in das Tagesgeschehen eingreifen will, insbesondere für die politische Lyrik der APO, typisch.

Die 2. Strophe bezieht sich ironisch auf die Überschrift und unterstellt, dass die Kreditschwierigkeiten von Unternehmern mit Steuermillionen beseitigt werden, die dann natürlich für die Qualifizierung von Arbeitern fehlen. Propagandistisch geschickt ist die Bezeichnung „alleinunternehmer" (Z. 6), die suggeriert, dass für einzelne Unternehmer alles, für die Qualifizierung der Mehrzahl von Arbeitslosen nichts getan wird.

Der in der dritten Strophe erwähnte „Herr von Bohlen" (Z. 11), gemeint ist Alfried von Bohlen und Halbach, war tatsächlich seit 1943 Alleininhaber des Krupp-Konzerns.

Es begegnet in politischer Lyrik selten, dass die Stilebene gewechselt wird. Während die 1. Strophe vornehm den direkten Ausdruck vermeidet („die zeitung in fettdruck", Z. 2), die 2. Strophe die direkte Namensnennung („jener qualifizierte alleinunternehmer", Z. 5 f.) umgeht, wird in der dritten das Vokabular der Arbeiter benutzt: „kohlen" (Z. 11), „stütze" (Z. 12), „feiern" (Z. 14).

Die Korrespondenz zur Überschrift wird besonders mit den Zeilen 4–8 dieser Strophe hergestellt.

Typisch für die Gedichte der APO sind die Schlusspointen, die nicht alle so gelungen sind wie hier.

Therese Angeloff: *Das große Unbehagen*

Seit den sechziger Jahren stellt Arbeitslosigkeit in der Bundesrepublik Deutschland ein von allen Parteien beklagtes sozialpolitisches Problem dar. Auch bei Befragungen von WählerInnen wird in der Regel Arbeitslosigkeit als größtes Problem benannt. Ungeachtet der sehr hohen Beachtung in der öffentlichen Diskussion hat sich nach dem 2. Weltkrieg die politische Lyrik des Themas kaum angenommen.

Wir können nur vermuten, welchen Grund dies hat. Über Arbeitslosigkeit ein distanziertes Gedicht zu schreiben würde kaum verziehen werden. Investiert der Dichter/die Dichterin aber Gefühle, ist die Gefahr des Abgleitens ins Kitschige/Rührselige sehr groß.

Auch das Gedicht von Therese Angeloff ist nicht ganz frei von Trivialität. Metaphern wie „die Not steht vor der Tür" (SH, S. 34, Z. 4), die Zeile des Refrains „[…] Kumpel, muss der Wind sich drehn!" oder „Die Kugel schon gegossen/für den, der aufbegehrt" (S. 35, Z. 27 f.) wirken entweder verbraucht oder melodramatisch.

Aber bei solcher akademischen Kritik darf man nicht vergessen, wer die Adressaten dieses Songs sind und was er bezweckt: Arbeitslosen Bergleuten soll Mut zur Solidarisierung gegen das Schließen von Zechen gemacht werden, das damals in der Presse fatalistisch als „Zechensterben“ bezeichnet wurde. Das geschieht, indem das Unbehagen der Kumpel über die Zechenschließungen thematisiert wird.
Die 1. Strophe soll Zorn auf die Profiteure wecken, die sich abgesetzt haben. Sie schließt mit einem Wortspiel, ein Kompositionsprinzip, das sich in den folgenden Strophen fortsetzt, nicht jedoch in der letzten, wo das Mitbestimmungsrecht als konkrete politische Forderung erhoben wird.
An anderer Stelle mangelt es dem Gedicht jedoch an Konkretion. Es behauptet zwar im Refrain, dass man die Schuldigen längst erkannt habe, begnügt sich aber mit ungenauen Benennungen, wie „die Herren“ (S. 35, Z. 13), die uns regierten“ (Z. 29), ihr großen Herren (Z. 37). Das Gedicht hätte zur Bewusstseinsbildung beigetragen, wenn die Schuldigen als Aktionäre bezeichnet worden wären, die unprofitable Projekte fallen lassen.
Es soll aber noch einmal an den Zweck des Songs erinnert werden: Solidarisierung. Die erreicht man wohl eher, wenn man von dem bestehenden Bewusstsein der Kumpel ausgeht und nach dem wurden die Entscheidungsträger im Bergbau summarisch als „Die Herren“ bezeichnet.
Das Ziel des Zusammenschlusses der Arbeiter will Angeloff auch erreichen durch geschmeidige Jamben in allen Strophen und mit Rhythmuswechsel durch Trochäen im Refrain, der das Gewicht der dort wiederholten Aussagen unterstreicht.

Peter Maiwald: ***Die Frau des Arbeitslosen***
Arbeitslosigkeit als ein Schicksal zu verdeutlichen, das die Persönlichkeit zerstören und die Kommunikationsfähigkeit vernichten kann, ist die mit diesem Gedicht verfolgte Intention.
Bei der Absicht, diese Intention mit einfachen vierzeiligen Strophen und gleich bleibenden Jamben auszudrücken, sind mindestens zwei Fallen aufgestellt. Wäre die Volksliedstrophe mit a b a b-Reim gewählt worden, würde das Gedicht zu glatt wirken, ein Effekt, der vermieden wird, weil nur die zweite und vierte Zeile reimen.
Die regelmäßige Abfolge des jambischen Metrums (einzige Ausnahme: „waren die Dinge bloß“, SH, S. 36, Z. 20) könnte als Leiern empfunden werden; hier unterstreicht das in sich selbst kreisende Metrum aber die Hoffnungslosigkeit und Perspektivlosigkeit des Paares.
Die Wortkargheit lässt viel Spielraum für das Mitempfinden des Lesers/der Leserin. In der zweiten und dritten Strophe z. B. ist die Assoziation erlaubt, die Mitteilung von der Entlassung habe die Persönlichkeit des Mannes im Laufe eines Tages so verändert, dass die normale Zärtlichkeit und individuelle Ausdrucksfähigkeit verloren gingen. Der ausweichende Blick (Z. 13 f.) darf als Scham des Mannes, die Bemerkung über die riesengroße Wohnung (Z. 17 f.) als verloren gegangene Lebendigkeit, die die Räume füllte, die Äußerung über die Dinge (Z. 19 f.) als Signal für Entfrem-

dung interpretiert werden, die die Persönlichkeit des Mannes ausgelöscht hat. Der letzte auf das Leichenhemd anspielende Vers hinterlässt trostlose Leere.
Die Funktionen der Sprache „Bericht, Äußerung und Appell“ fließen hier so ineinander, dass man sie als Einheit empfindet. Die politische Botschaft möchte man in den Spiegel jener Selbstgerechten projezieren, die aus sicherem Sessel so vollmundig über das Thema Arbeitslosigkeit moralisieren.

Schon, dass gar so sehr verschieden/Unsre Lose sind hienieden
Soziale Unterschiede, Ausbeutung

Gottlieb Konrad Pfeffel: *Der Junker und der Bauer*

Ungenierte, sarkastische Ausbeutung zur Zeit des Feudalismus ist das Motiv des Gedichtes.
In der Form einer Fabel, mit der Pointe am Schluss, wird hier von Machtausübung erzählt, die brutaler Ungerechtigkeit noch den Anschein der Gerechtigkeit gibt. („Je! so beleidigte dein Eber ihn.“, SH, S. 38, Z. 12)
Der Junker und der Bauer glänzt durch mehrere sprachliche „Kabinettstückchen“. In den Zeilen 4 und 5 ist es das Spiel mit der Beziehung von Subjekt und Objekt, das aus der Verängstigung und Aufgeregtheit des Bauern entsteht. Hat nun der Eber den Hund oder der Hund den Eber? Der Junker glaubt zunächst an ein Sakrileg durch den Eber. Die Kluft zwischen Junker und Untertan wird durch den ironischen Vergleich „wie Zeus im Donner“ (Z. 6) versinnbildlicht. Dieser verfehlt seine Wirkung auf den Pächter, erscheinend wie ein Leibeigener, nicht, der den Hund Tamerlan – nach dem grausamen asiatischen Eroberer Timur benannt – voller Unterwürfigkeit als Herrn tituliert. Den devoten Ausdruck greift der Junker kaltschnäuzig auf: „Je! so beleidigte dein Eber ihn.“ (Z. 12)
Dessen Gewalt macht das Argument des Bauern zu Schanden. Zu dem immensen Schaden kommt auch noch der Spott der letzten Zeile.
Hat das hier dargestellte Machtgefälle noch einen aktuellen Bezug zu unserer Zeit? In Europa gebiert sich Herrschaft nicht mehr so hemmungslos zynisch, aber eine bittere Erkenntnis gilt auch noch nach 200 Jahren: An der Macht zerschellen oft Argumente.
Die artifizielle Meisterschaft der Form dieses Gedichtes ist nicht zu überbieten. In den glatt komponierten Reimen a b b a – c d d c – e e c- f g g f findet ein asymmetrischer Dialog statt, wobei die Glätte der Form als symbolischer Ausdruck dafür genommen werden kann, wie der allmächtige Junker den Bauern, der „halb tot vor Schrecken kam“ (Z. 1), abgleiten lässt und ihn zurichtet, wie dieser seine Schweine ziehen soll.

Yvan Goll: *Chor der Proletarier*

Schon wegen seiner Herkunft konnte Goll nicht auf irgendeinen Nationalismus festgelegt werden. Mehrsprachig aufgewachsen war er „durch Schicksal Jude, durch Zu-

fall in Frankreich geboren, durch ein Stempelpapier als Deutscher bezeichnet"(vgl. Biografie, SH, S. 124). Dem entspricht, dass der *Chor der Proletarier* aus dem *Requiem für die Gefallenen von Europa* stammt. Auch in der marxistischen Bezeichnung „Proletarier" statt Arbeiter manifestiert sich die internationale Perspektive des Dichters.
Golls Gedicht wendet sich gegen eine besonders makabre Form der Ausbeutung. Die Proletarier werden im ersten Weltkrieg zu „Kanonenfutter" („Dieweil sie Massengräber scharren.", SH, S. 38, Z. 12) Das prägnante Gedicht zeigt das Leid der in den wesentlichen Dingen Entrechteten. Vorenthalten wird ihnen Gleichheit, Menschenwürde, Liebe, Wissen. Die Anerkennung als gute Bürger finden sie erst durch Töten der Feinde; die jedoch in der marxistischen Sicht Golls Brüder sind und deren Tötung der Autor konsequent als Mord bezeichnet.
Der *Chor der Proletarier* besteht aus zwei Teilen, die beide streng durchkomponiert sind. Der erste Teil besteht aus vier zweizeiligen Parallelismen, deren Anfangswörter „vergebens" und „wollten" sich anaphorisch wiederholen. Der zweite Teil, gleichsam der Abgesang, nimmt mit zwei Reimpaaren wieder Bezug auf das Requiem für die Gefallenen.
In den Anfängen wurde Golls Lyrik vom Expressionismus geprägt, entwickelte sich aber später zu einem sachlichen Stil, ohne auf Symbolik und Metaphorik zu verzichten. Dies wird hier deutlich in der Bezeichnung „Nachtkavernen" (Z. 3) für die Kohleschächte oder in der Metapher „Licht für jeden" (Z. 8), womit das Licht der Vernunft, also Aufklärung gemeint ist.
Warum das Gedicht als *Chor der Proletarier* bezeichnet wird, können wir nur mutmaßen. Vielleicht soll eine Assoziation zu dem Chor in den Trauerspielen der Antike hergestellt werden, dessen Aufgabe – vergleichbar dem Chor der Proletarier – es war, tragische Wahrheiten mitzuteilen.

Friederike Kempner: *Frohe Stunden*

Nicht viele Dichter oder gar Dichterinnen haben mit politischer Lyrik nachweisbaren Erfolg gehabt. Zu den wenigen Erfolgreichen gehört Friederike Kempner. Zum Beispiel bezog sich Wilhelm I. bei der Abschaffung der lebenslänglichen Einzelhaft und bei der Anordnung mehrtägiger Aufbewahrung von Leichen zwischen Tod und Beerdigung auf sie (vgl. Reich-Ranicki, a. a. O., S. 131 f.). Das soziale Engagement der schlesischen Dichterin richtete sich unter anderem noch gegen Vivisektion, Alkoholismus, Luftverschmutzung und Singvogelmord. Insbesondere aber kämpfte sie gegen soziale Benachteiligung und Ausbeutung. Davon legt *Frohe Stunden* beredtes Zeugnis ab.
Das Gedicht wirkt durch seine volkstümlichen Bilder („Einem sind als O die Beine/Andern wuchsen sie als X./Sorglos aalen sich die Reichen", SH, S. 39, Z. 11 ff.) sowie durch seine Wortwahl und Wortbildung („frohe Stunden [...] stattgefunden", Z. 1 f.; „Haben sich mir vorgestellt/Auch die Leiden dieser Welt", Z. 3 f.; „Stiefpilz des Geschicks", Z. 10) unbekümmert um den Anspruch einer feinen Stilistik. Das

gilt auch für die Reime, die teilweise („eine – Beine, Geschicks – X, knapp – hinab") rührend erscheinen. Aber gerade diese Naivität einer Dilettantin, die sich furchtlos mit dem damals unantastbaren Ruf Goethes anlegte, lässt die inhaltliche Aussage von den sehr verschiedenen Losen so glaubwürdig erscheinen. Man kann Kempners Vokabular nicht einem bestimmten politischen oder ideologischen Lager zuschreiben und das wird es jedem erschweren, die Inhalte zu verwerfen, mögen empfindsame Stilisten sich auch über die Sprache erhaben fühlen.

Uwe Timm: ***Lob der Idylle*** (vgl. auch LH, S. 81)
Bestechend an diesem Gedicht ist der analoge Aufbau von vier Strophen, die in immer schöneren Bildern eine Idylle zeichnen, welche in den letzten drei Zeilen durch einen Gedankenblitz zerstört wird.
Die ersten Zeilen der vier Strophen steigern den Begriff „schön" so, dass vor dem Superlativ ein getoppter Komparativ „schöner noch" liegt, dem in der letzten Strophe antithetisch der Begriff „Beunruhigend" gegenübersteht.
Die Zeilen 2–4 bzw. 2–5 malen idyllische Orte aus, die immer erlesener, aber auch ein wenig teurer werden.
Die Zeilen 5–8 mit dem analogen Partizip „wissend" verraten, dass die Gourmets der Idyllen mit Bewusstsein genießen. Über die „Kulis" (Knechte, Arbeiter, Kumpel, Boys), die den Genuss sichern, machen sie sich nur Gedanken, die auf die Effektivität von deren Arbeit gerichtet sind. Syntaktisch steht dem „wissend" ein Temporal- bzw. Adversativsatz gegenüber, der für die Ruhe der Beschaulichkeit sorgt. Aber auch die Bilder von den Garanten der Idylle erfahren eine zynische Steigerung von den Knechten über die Arbeiter, Kumpel und Boys hin zu den südafrikanischen Streitkräften mit der CIA, die „für Ruhe und Ordnung im Lande sorgen" (SH, S. 40, Z. 32 f.).
Der Lakonismus des sarkastischen Schlusssatzes wirkt umso desillusionierender, je mehr vorher mit Adjektiven („herbstfarbene Buchen", Z. 3; „geübten gleichmäßigen Griffen", Z. 17; „schneebedeckte Kuppe", Z. 20; „kraftvollen Stößen", Z. 24; „gleichmäßiges Äsen", Z. 28) in Stimmung geschwelgt wurde.
Wird der Wert einer Pointe an dem feinen Gespür für die Länge des Hinauszögerns und dem Überraschungseffekt gemessen, darf man Timm getrost mit Lichtenberg und Lessing auf eine Stufe stellen.

Zwischen Wand- und Widersprüchen/Machen sie es sich bequem
Ideologiekritik

Friedrich Wolf: ***Der Sprichwort-Song***
„Wachsamkeit ist geboten, zumal dem heute ins Unerträgliche ausgewalzten Ideologiebegriff gegenüber. Denn Ideologie ist Unwahrheit, falsches Bewußtsein, Lüge." (Adorno: *Kunstwerke und Ideologie*, SH, S. 42)

Wer dieses klassenkämpferische Gedicht als schnell vergängliches Agitprop-Machwerk abtun will, macht es sich zu einfach. Schon immer haben sich Reiche bemüht Armut so zu verharmlosen, dass man sie nicht abschaffen musste. Dass die Sprache ein Lügendetektor für die mit solchen Versuchen angestrebte Verschleierung ist, zeigt dieses Gedicht überzeugend.

Besonders gelungen ist, dass die Sprichwörter, die die Ideologie entlarven, am Ende der drei Strophen stehen.

Der *Sprichwort-Song* erschien 1932, als die Arbeitslosigkeit in Deutschland mit 6,04 Millionen kulminierte. Auf dem Hintergrund der tatsächlichen wirtschaftlichen Not, insbesondere der Arbeiterklasse, erscheint die beißend ironische Kritik des *Sprichwort-Songs* verständlich.

„Deutschlands kurzfristige USA-Kredite wurden Ende 1930 abgezogen, was nach einem halben Jahr zum Zusammenbruch des deutschen Bankenwesens führte. Damit drohte ein völliger Wirtschaftskollaps, der sich in alarmierenden Konkurszahlen, im Produktionsrückgang und der dramatisch anschwellenden Arbeitslosigkeit anzudeuten begann. Das Schlagwort Massenarbeitslosigkeit vermag nicht das Elend zu veranschaulichen, das sich vor den Stempelstellen und in Millionen von Haushalten ausbreitete. Spätestens 1932 lag das Arbeitslosengeld weit unter dem Existenzminimum." (Pleticha, a. a. O., S. 87 f.) Angesichts der hungernden Arbeiter wirken die vier Fragen des Fabrikanten in der 1. Strophe wie bitterer Hohn, der durch die in jeder Strophe sich wiederholenden Zeilen „Das kommt vom Materialismus,/vom Mangel an Idealismus" ins Unerträgliche gesteigert werden soll.

Die Darstellung der Verständnislosigkeit von Fabrikanten mit der Not Lohnabhängiger hat in der deutschen Literatur eine längere Tradition. In dem 1891 erschienenen Drama *Die Weber* von Gerhart Hauptmann bemerkt der Pastor Kittelhaus kopfschüttelnd:

„Wenn ich nur wüsste, was in diese Menschen [die Weber, E.M.] gefahren ist." Darauf der Fabrikant Dreißiger: „Freilich waren sie geduldig und lenksam, freilich waren es früher gesittete und ordentliche Leute. Solange nämlich die Humanitätsdusler ihre Hand aus dem Spiel ließen. Da ist es ja den Leuten lange genug klargemacht worden, in welchem entsetzlichen Elend sie drinstecken. Bedenken Sie doch: all die Vereine und Komitees zur Abhilfe der Webernot. Schließlich glaubt es der Weber und nun hat er den Vogel. Jetzt murrt er ohne aufzuhören. Jetzt passt ihm das nicht und jen's nicht. Jetzt möchte alles gemalt und gebraten sein." (vgl. *Die Weber* in *Klassische Schullektüre*, SH, S. 60 f.)

Den verständnislos auf „das Getue" (SH, S. 43, Z. 6) der Arbeiter zielenden Fragen aus der 1. Strophe wird in der 2. Strophe antithetisch das angebliche Verarmen der Fabrikanten gegenübergestellt, mit denen selbst die Regierung Erbarmen habe. Ebenso steht das beispielhafte Verhalten jedes Fabrikanten in seines Volkes Not der Bildungsabstinenz der auf Wohlleben erpichten Arbeiter in der 1. Strophe gegenüber.

In der 3. Strophe wird die Ideologie der Fabrikanten, mit dem alten Idealismus des Geistes, den Hunger der Arbeiter zu ersticken, als Appell vorgetragen.
Heute wissen wir, welche unselige Symbiose sich aus der hier angeprangerten Ideologie der Fabrikanten und der des erstarkenden Nationalsozialismus ergab. Bekanntlich wollte auch Hitler, Wilhelm I. zitierend, das deutsche Volk „herrlichen Zeiten entgegenführen" (Z. 27) und bekanntlich zitierte dieser auch die Zeilen „und wenn der ganze Kontinent/zu Asche verbrennt" (Z. 30 f.).
Das Ideologem „Armut schändet nicht!" (Z. 13) wurde in den *Aufzeichnungen des Malte Laurids Brigge* von Rainer Maria Rilke salonfähig gemacht: „Armut ist wie ein Glanz von innen."

Max Zimmering: *L'art pour l'art*
Dieses Gedicht ist insofern ein besonders reizvolles Beispiel für ideologiekritisches Lesen, als man mit und an ihm in zweifacher Hinsicht Ideologiekritik üben kann:
1 Ideologiekritik im Sinne des Gedichtes.
Seit der Formulierung der Formel „l'art pour l'art" durch den Philosophen Victor Cousin 1818 ist diese defensiv und offensiv verstanden worden. In der defensiven Auslegung sollte sie Kunst davor schützen, als Vehikel für gesellschaftspolitische Zwecke missbraucht zu werden. Die radikale Formulierung „Kunst um der Kunst willen" sollte den Primat der Kunst vor deren Indienstnahme für platten Utilitarismus sichern.
Dem offensiven Verständnis war es ernst damit, dass Kunst Selbstzweck sein sollte. „Kunst und Literatur sollen nur noch die Aufgabe haben die Schönheit in einer von Industrie und Pragmatismus geprägten hässlichen Welt zu bewahren." (Harenberg, a. a. O., S. 1735) Das führte z. B. bei Mallarmé zu der Forderung nach einer „reinen Poesie".
Dass Anhänger dieser autonomen Kunst dazu neigen, politische Dichtung als Tendenzliteratur zu verdächtigen, versteht sich von selbst. Kein Geringerer als Gottfried Benn formulierte: „Die politische Tendenz ist keine Tendenz der Dichtung, sondern eine Tendenz des Klassenkampfes; wenn sie sich in poetischer Form äußern will, ist das Zufall oder private Liebhaberei:" (vgl. *Können Dichter die Welt ändern?*, SH, S. 63)
Gegen das kompromisslose L'art pour l'art-Denken ist Zimmerings radikale Ideologiekritik gerichtet. Er unterstellt den Befürwortern zweckfreier Kunst, dass sie diese Idee für den politischen Meinungskampf instrumentalisierten, dass mit der Kritik an „Sprache, Kunst und Form" in der Regel der politisch missliebige Inhalt getroffen werden solle oder schlimmer noch, dass hochartifizielle Sprache zur bewussten Verschleierung politischer Inhalte benutzt werde bzw. dass man „Zweck, Tendenz, Gehalt" verachte, selbst aber sinnentleerte Kunstwerke produziere.
2 Ideologiekritik an dem Gedicht
Wer Zimmerings Position teilt, kann es sich mit den Worten des Gedichtes selbst gegenüber jedem Ideologiekritiker einfach machen: „Man schmäht und diffamiert

den Krug,/weil man den Wein drin nicht vertrug/und so an ihm sein Mütchen kühlt." (SH, S. 44, Z. 10 ff.)
Würde man den Versen Zimmerings jeden Wahrheitsgehalt absprechen, verfiele man selbst in Ideologie. Man denke nur daran, wie viele heute unbestrittene Kunstwerke von den Nationalsozialisten als „entartete Kunst" abgetan wurden. Gleichwohl verbreitet Zimmering falsches Bewusstsein durch Überzeichnung. Seine Ideologie besteht darin, dass er die Idee von der Kunst um ihrer selbst willen ausschließlich als billige Taktik diffamiert, nur geschaffen um politisch unliebsame Inhalte zu diskreditieren. Zimmering war Marxist. Von ihm hätte man dialektisches Denken erwarten können. Dass er es in diesem Gedicht (und meistens in seinem Werk) nicht praktizierte, ist sicherlich eine bewusste Entscheidung im Sinne der Agitprop. Trotz der Ideologie ist sein Gedicht, gemessen am Ziel der Agitation, gut gemacht.
Die durchweg männlichen Versausgänge des jambischen Metrums sorgen dafür, dass der Rhythmus nicht zu schnell fließt, sodass der Leser/Hörer/die Leserin/Hörerin den Inhalt jeder einzelnen Zeile in Ruhe aufnehmen kann.
Rhetorisch besonders geschickt ist die Zeile „So fängt man Snobs und Dumme ein" (Z. 21).
Wer denkt schon gegen den Strich und will Gefahr laufen dazu gezählt zu werden?

Ernst Jandl: *wien: heldenplatz* (vgl. auch LH, S. 83)
Das Gedicht spielt auf die Rede Hitlers an, die dieser 1938 auf dem Heldenplatz in Wien nach dem sog. Anschluss Österreichs gehalten hat.
Was Charlie Chaplin in dem Film *Der große Diktator* mit Pantomime gelungen ist, das schafft Ernst Jandl ebenso originell mit Sprache, den großen Diktator und „sämmertliche eigenwäscher" (SH, S. 46, Z. 9) lächerlich zu machen.
Die an Neologismen reiche, bildhafte, lautmalerische Sprache Jandls hält sich gerade soweit an die Gemeinsprache, dass es individuell möglich ist, die sinnvolle „Unsinnspoesie" nach Morgensterns Manier semantisch so zu füllen, dass man sich von der beschriebenen und vielleicht auch von aktueller Massenhysterie durch Schmunzeln/Lachen emanzipiert.
Man kann sich schön blamieren, wenn man dieses Gedicht ernsthaft zu übersetzen versucht. Aber Hand aufs Herz: Wer versucht das nicht? Zur Schadenfreude aller vornehm Distanzierten und Besserwisser geben wir unsere Übersetzung zum Bekritteln frei:

der ganze heldenplatz zirka
versackte im massenhaften männchenmeere
drunter auch frauen die ans männerknie
zu heften sich versuchten, hoffnungsschwanger.
und brüllten wesentlich.
verwegener stirnscheitelunterschwang
nach nöten nördlich (an dieser Stelle weiße Flecken
im Jandl-Lexikon), hechelte

mit zu-setzender bis aufs bluten feilender Stimme
hinsehend sämtliche parteigenossen.
pirsch!
hoppelte der götterbock von Sa-tz zu Sa-tz
mit hünenhaft gespreiztem stimmstummel.
balzend kribbelte es im männechensee
Und den weibern wurde es so pfingstlich ums heil
zumal: wenn ein knie-ender sie anmachte.

Der Übersetzungsversuch führt zu mehreren Erkenntnissen:

- Manche Wortschöpfung ist so genial, dass sie nicht übersetzbar ist und doch kann sich jeder einen Stimmstummel bzw. (in Österreich oder Bayern) einen Knie-ender vorstellen.
- Manches lässt sich mit Mühe übersetzen, verliert aber seine Originalität, z.B. „balzend kribbelte es" statt „balzerig würmelte es".

In einigen Fällen ist die Übersetzung deshalb verfehlt, weil es um die Lautmalerei geht, die mehr sagt als jede Übersetzung, z.B. „feilzer stimme" (Z. 8) oder „hirschelte" (Z. 15).

Was hat nun dieses Gedicht mit Ideologiekritik zu tun?

Zu dem falschen Bewusstsein, zu der Verlogenheit von Ideologie im Sinne Adornos gehören unseres Erachtens nicht nur unwahre Wörter, sondern auch eine verlogene Szenerie, in der diese die gewünschte Resonanz finden können. In Jandls Gedicht werden Ideologieträger benannt und sogleich karikiert, nämlich der qua Benennung schon dubiose Heldenplatz, das Gebrüll und die hünenhafte Intonation der Rede, die Massenhysterie und schließlich die brünstige Sexualität.

Weniger gelungene Ideologiekritik wirkt angestrengt und oberlehrerhaft. Hier aber wird mit der Leichtigkeit der Komik die für Hitler-Reden typische Großmannssucht demaskiert.

Günter Grass: *Im Ei*

Die Interpretation dieses schwierig zu deutenden Gedichtes konzentriert sich auf den Inhalt.

Ideologie muss nicht mit Adorno als Unwahrheit und Lüge verstanden werden (vgl. SH, S. 42). Ideologie kann auch ein falsches Bewusstsein sein, dessen sich der damit Infizierte nicht bewusst ist und gegen dessen Entstehen er sich nicht wehren kann. Von der Infiltration der Ideologie handelt das Gedicht von Grass.

Die Überschrift *Im Ei* ist metaphorisch und bedeutet, dass den dort Lebenden – einem mit „Wir" bezeichneten Kollektiv – der Aus- und Überblick über die mit ihnen stattfindende Ideologisierung fehlt.

Schon während der Brutzeit haben die Ideologisierten Feinde, die sie zu kennen meinen („Vornamen unserer Feinde", SH, S. 47, Z. 4).

„[...] unseren Bleistift brütet er mit" (Z. 7). Wir sehen dies als Metapher für das von dem Brütenden geschaffene ideologische Bewusstsein. Die Gebrüteten sind von dem Brütenden so abhängig, dass es sie danach drängt, sich von diesem ein Bildnis zu machen.

Die 3. Strophe teilt mit, dass der Schöpfer der Ideologie für gutmütig gehalten wird („gutmütiges Geflügel", Z. 12) und dass der Prozess der Ideologisierung in der Schule gefördert wird.

Das Gedicht (4. Strophe) lässt offen, ob das Ausschlüpfen Bewusstwerdung bedeutet oder nur das vermeintliche Ende des Ideologiesierungsprozesses. Die Propheten (Sind sie Funktionäre eines Chefideologen?) stellen die Ideologie nicht in Frage, sie streiten sich nur über die Dauer der Brutzeit.

Ab der 5. Strophe wechselt die Identität des „Wir". Es handelt sich jetzt offensichtlich um die Ausgeschlüpften, die für den Nachwuchs im Ei Brutkästen erfunden haben, eine Metapher dafür, dass es aus dem Brutprozess kein Entrinnen gibt. Auch die Ausgeschlüpften werden überwacht. Von wem? Man kann in der Zeile 24 hinter „jener" das Wort „Macht" ergänzen. Zwar würde so der Überwachende nicht konkretisiert, wichtiger ist jedoch „Wir aber haben ein Dach überm Kopf" (Z. 26) in der 6. Strophe als die Ideologie, die die ausgeschlüpften „senilen Küken" (Z. 27) so unselbstständig hält, dass sie bei aller tagelangen Rederei und Traumdeutung Embryos bleiben.

In der 7. Strophe haben die Ideologisierten den Geistesblitz, dass sie aus dem Zustand ihrer selbst geschaffenen Unmündigkeit („unsere Kritzeleien", Z. 34) nie hinauskommen. Das Brüten verstehen sie jedenfalls als Aufklärung, deshalb die Hoffnung.

Die letzte Strophe zeugt von großer Verunsicherung, jedoch nicht wegen des Wahrheitsgehaltes der Ideologie. Es ist jetzt wieder von den Gebrüteten die Rede. Diese sind nur in der Lage an irgendeinen obskuren Feind zu denken, der sie frisst. Das verrät viel über die Beschaffenheit aller Ideologien. Sie sollen nach dem Willen ihrer Erfinder Sicherheit geben, zugleich aber auch den Gedanken an Feinde wach halten. Letzteres verbürgt das Überleben der Ideologien.

Kurt Bartsch: *Sozialistischer Biedermeier*

Das vorliegende, gegenüber dem Sozialismus ungewöhnlich kritische Gedicht ist sehr mutig. Man konnte in der DDR solchen Mut lange beweisen, bis es zu einschneidenden Maßnahmen kam. Kurt Bartsch wurde erst 1979 aus dem Schriftstellerverband der DDR ausgeschlossen.

Der ideologiekritische Inhalt der Verse ist rasch zusammengefasst: Der Sozialismus hat sich so weit etabliert, dass seine Parteigänger kapitalistischen Lebensstil hinter ein paar Thesen und der roten Fahne verstecken können.

Die Wirkung dieser ideologiekritischen Bloßstellung liegt denn auch weniger in der Botschaft als in der frappanten Treffsicherheit jedes einzelnen Verses.

1. Strophe: Sich durch Widersprüche hindurchzuschlängeln ist normalerweise ein Balanceakt. Die Biedermeier des Sozialismus verstehen es sogar, sich es zwischen ihnen bequem zu machen. Statt sich mit dialektischem Denken zwischen These und

Antithese zu bewegen, haben sie an deren Stelle jeweils ein Sofa gerückt, in deren Mitte sich ein vermutlich nicht in Frage zu stellendes Sinnbild befindet.
2. Strophe: Die Bequemlichkeit zeigt sich in stets paraten Thesen, die (ohne das Gehirn zu bemühen) bereits auf der Lippe liegen. Der Luxus hat auch das Klo nicht ausgespart. Die Marxlektüre steht für frühere Anstrengungsbereitschaft.
3. Strophe: Gelungen ist das Wortspiel mit dem als besonders schwierig geltenden *Kapital* von Karl Marx. Heute hat Zins bringendes praktisches Kapital das Theoretisieren ersetzt. Wenn es aber unvermeidbar ist, das Privateigentum zu zeigen, dann bitte mit der Systemfarbe Rot. Auch sonst kennt der sozialistische Biedermeier die Tricks der Verstellung, z. B. einmal in der Woche das Kleinleutegericht „Linsen". Dafür entschädigt der Sekt zum Abendbrot.
4. Strophe: Die Abgehobenheit der von Bartsch kritisierten biedermeierlichen Kaste zeigt sich darin, dass diese im Arbeiter- und Bauernstaat nicht bereit ist zur Schippe zu greifen.
5. Strophe: Die Denkträgheit geht einher mit Opportunismus.
6. Strophe: Je weniger sein praktisches Verhalten mit dem idealen Sozialismus vereinbar ist, desto mehr ist der sozialistische Biedermeier darauf angewiesen, ihn zur Schau zu tragen. Er schafft es, Marx als Witzfigur erscheinen zu lassen.
Die beeindruckende ironische Schärfe gewinnt das Gedicht durch eine nicht zu überbietende formale Glätte, symbolisch für das „biedermeierliche" Taktieren zwischen den Widersprüchen. Das trochäische Metrum läuft „wie geschmiert" ab, ohne Abweichungen folgen die Kreuzreime sowie alternierend männliche und weibliche Versausgänge aufeinander. Alliterationen unterstützen die polierte äußere Form. Die Akzente von Metrum und Rhythmus sind fast deckungsgleich, sodass man zum leiernden Lesen verführt werden könnte. Das verhindern jedoch die bereits erwähnten inhaltlichen Einfälle, die mit Sicherheit entsprechend dem Titel des Sammelbandes *Die Lachmaschine* bei der Mehrheit der Lesenden befreiendes Lachen ausgelöst haben.

Tun sich mit dem teutschen Land dick
Nationalsozialismus

Kurt Tucholsky: *Die Mäuler auf!*

Das Gedicht könnte auch heißen: *Kleine Leute*, weil es deren verwerfliche Eigenschaften anprangert.
Abstoßend ist z. B. das in Z. 1 u. 7 (SH, S. 52) kritisierte Heilgebrüll, das sich während des Nationalsozialismus für die Mehrheit des deutschen Volkes mit „Heil Hitler" u. a. als täglicher Gruß äußerte. Bei Parteiveranstaltungen wurde das Gebrüll des Führers bis zur Heiserkeit (Z. 7) nachgeahmt.
Ein echter Deutscher meinte auch sich mit zackiger Haltung präsentieren zu müssen. Zeile 2 zeigt, dass dafür einschließlich der Lautmalerei mehrere Synonyme zur

Verfügung standen. Die Forderung nach forschem Auftreten schlug sich damals in einem allseits beliebten Schlager nieder: „Ja, zackig, zackig, zackig ist der Emil, ja, zackig, zackig, zackig ist der Franz." Die Sturmabteilung (SA) und die Schutzstaffel (SS) Adolf Hitlers galten bei der Verkörperung der von Tucholsky aufgespießten „strammen Haltung" als Vorzeige-Parteigenossen. In Fortsetzung wilhelminischer Tradition wurde das Platzhirschgebaren der kleinen Leute mit Blechmusik, ebenfalls zackig, unterstrichen.

Die Verachtung Tucholskys für das Untertanenverhalten kommt in der Bezeichnung „arme Luder" (Z. 7) zum Ausdruck. Diese können ihre Emotionen nicht kontrollieren, deshalb das wilde Fuchteln der Hände (Z. 8). Sie bemerken auch nicht, dass Hitler bei dem Bemühen, Wilhelm II. zu kopieren, wie ein „schlechtes Abziehbild" (Z. 10) wirkt.

Die kleinen Leute sind nach Tucholskys Meinung für die dick aufgetragene Propagandasprache der Nationalsozialisten besonders anfällig. Man könnte meinen, dem glänzenden Analysten des Nationalsozialismus Tucholsky sei an dieser Stelle des Gedichtes ein Fehlurteil unterlaufen, weil es nicht nur die kleinen Leute waren, die den dicken Schlagworten aufsaßen.

Die in Z. 13 f. angesprochene primitiv vorgetragene („grunzen wie das liebe Vieh") nationale Großmannssucht war ebenfalls unter Wilhelm II. schon gang und gäbe (vgl. z. B. Heinrich Mann: *Der Untertan*). Mit der „Allerbilligsten Romantik" (Z. 15) sind sicher Lieder vom Typus *Warum ist es am Rhein so schön?* gemeint. Nicht ganz leicht sind in diesem Kontext die Zeilen „hinten zahlt die Industrie./Hinten zahlt die Landwirtschaft" (Z. 16 f.) zu verstehen. Wir deuten den Zusammenhang so: Das nationalistische Aufschneiden wirkte kriegstreibend, durchaus im Interesse der Waffen produzierenden Industrie und der an der Erweiterung ihres Grundbesitzes interessierten Großagrarier.

Am Ende lässt Tucholsky die Katze bezüglich des Begriffsumfangs von „kleine Leute" aus dem Sack. Die Aufgeregtheit der „Unternehmergarden" (Z. 20) macht aus ihnen noch keine guten Dichter und Sänger. Aber der billige Stil ihres Auftretens bewirkt, dass der Dichter, ihre materielle Potenz ignorierend, sie den kleinen Leuten zuzählt.

Wie definieren sich die kleinen Leute also abschließend? Sie sind hasserfüllte Antisemiten („Judenfresser", Z. 5), folgen den Parolen der Straße („Straßenmeute", Z. 5), sitzen plumper Propaganda auf, stärken ihr Selbstbewusstsein mit kitschigem Nationalismus („allerbilligste Romantik", Z. 15) und versuchen an dem Gesinnungstheater, soweit sie Unternehmer sind, zu verdienen.

Bertolt Brecht: ***Hitler-Choral III***

„Befiehl dem Herren deine Wege
und hoffe auf ihn,
er wird's wohl machen"

„Befiehl du deine Wege
Und was dein Herze kränkt
Der allertreusten Pflege
Des, der den Himmel lenkt,
Der Wolken, Luft und Winden
Gibt Wege, Lauf und Bahn,
Der wird auch Wege finden,
Da dein Fuß gehen kann
[...]"

Es zeugt von bitterem, aber bewusstem Sarkasmus, dass Brecht das 1653 erschienene Kirchenlied von Paul Gerhardt, *Befiehl du deine Wege/Und was dein Herze kränkt*, das in besonderem Maße das Vertrauen des gläubigen Menschen auf Gott betont, zur Vorlage für seine Parodie genommen hat.

An die Stelle Gottes tritt bei Brecht Adolf Hitler und der vertrauensvoll gläubige Mensch wird durch ein vertrauensseliges Kalb ersetzt. Dieser *Hitler-Choral* strotzt von Tabubrüchen, die verletzen und dadurch aufrütteln sollen.

1. Strophe: Das Kalb, der so oft schon verletzte Untertan, soll sich seinem Schlächter anvertrauen, der bereits das Messer wetzt. Hellsichtig hat Brecht schon 1934 die Vernichtung von Millionen hitlertreuen Soldaten und Zivilisten vorausgesehen.

2. Strophe: Die mangelnde Zivilcourage (SH, S. 53, Z. 10) der Anhänger Hitlers wird in der 2. Strophe gegeißelt. Die Metapher vom Wetzen des Messers wird fortgeführt: „Er muß sein Messer dengeln" (Z. 15).

3. Strophe: Die Helfer bei der Vernichtung des Kalbes sind die „Wirtschaftsriesen" (Z. 21), also die Großindustriellen. War es wirklich so, dass die Großindustrie Hitler das Haus einlief?

„Wie wenig antikapitalistische Tendenzen ernst zu nehmen waren, machen Hitlers frühe Kontakte zu Industriellenkreisen deutlich. Seit 1923 erhielt die Partei massive Zuwendungen von Sympathisanten wie Thyssen, Stinnes oder Borsig. Später stießen zum Kreis der Parteispender auch Flick, Klöckner, Krupp, Sir Deterding von ‚Shell', die ‚Commerzbank', die ‚Deutsche Bank' und andere." (Pleticha, a. a. O., S. 198)

4. Strophe: Der kleine Mann wird von den Wirtschaftskapitänen gebraucht, als Arbeitskraft und als Kanonenfutter. Welche Ironie darin liegt, dass der kleine Mann/Prolet zu Kriegszeiten umworben wird, hat auch Yvan Goll in seinem *Requiem [...]* festgehalten: „Nun sagen sie, beim Brudermorden/Sei'n wir zu guten Bürgern worden." (SH, S. 38, Z. 9 f.)

5. Strophe: Sie spricht die freiwillige und unbedingte Gefolgschaft gegenüber dem Führer an. Die „Schlachtbank" (Z. 39) ist vor allem der Einsatz an der Front.

6. Strophe: Sie unterstreicht die „Wahlverwandtschaft“ zwischen Kalb und Metzger.
7. Strophe: Es wird deutlich, dass die Gefolgschaftstreue gegenüber dem Trommler (Hitler) das Gegenteil von Individualismus ist. Ihr Lohn ist Liquidation.
Durch getreue Übernahme der Form des Kirchenliedes (gleich bleibender Kreuzreim, alternierend weibliche und männliche Versausgänge, regelmäßige Jamben, gleichmäßige Zäsur nach dem 4. Vers) entsteht eine schneidende Diskrepanz zwischen der vertrauten Form des Erbauungsliedes und dem höhnischen Inhalt.

Gerhard Schumann: ***Nun aber steht ein Haufe von Entschlossnen*** (vgl. LH, S. 84)
Die lyrischen Produktionen Schumanns in der NS-Zeit „zählen zu dem Makabersten, was das Nazi-Schrifttum hervorgebracht hat.“ (Loewy, a.a.O., S. 307 ff.)
Was macht dieses formal glatt hingegossne Sonett so makaber? Es ist die blutrünstige Diktion, die im Nebulösen lässt, wofür der entschlossne Haufe als „Hüter und Rächer“ (SH, S. 54, Z. 13) auftritt. „Sie träumen nachts vom Blut, dem hingegossnen“ (Z. 3). Wer hat wann und wo aus welchem Grunde Blut vergossen? Auf das Blut folgt gleich der Boden: „Und von dem Acker, der nach Männern schreit“ (Z. 6). Getreu der Ideologie vom Volk ohne Raum verlangt das zu gewinnende Neuland Opfer. Mitgemeint ist hier vielleicht auch der damals begünstigte Bauernstand. „Aus ihren Schritten hallt das Blutgericht“ (Z. 11). Wieder bleibt im Dunkeln, wer aus welchem Grunde blutig hingerichtet wird.
Infam ist dieses perfekte Konglomerat der Ideologeme der Nationalsozialisten auch deshalb, weil das blutige Morden als dunkles Schicksal (Z. 5) entschuldigt wird. Dorthin kann die Verantwortung abgeschoben werden. Aber das sonst anonyme Schicksal hat noch einen Vollstrecker, den Führer, der in großartiger Einsamkeit (Z. 4) allein für alles die Verantwortung trägt. Zeile 8 macht glauben, dass es dennoch so etwas wie unabwendbare tragische Schuld gibt, aber die verzeiht der Bruder. Was diesen dazu befähigt, wird geheimnisvoll verschwiegen. Aber vor dem Blick der wild Entschlossnen „steht das Geheime nicht“ (Z. 9). Klarheit wird hier suggeriert, aber die Visionen der Eingeweihten bleiben verschwommen.
Widerlich ist, dass das Symbol der Reinheit aus der Dichtung des Mittelalters, der Gral, dafür herhalten muss, die Seelen der „Knechte des Führers“ (Z. 13) zu adeln, die doch von den Gedanken an Blutgericht und Rache erfüllt sind.
Was dieses Gebräu aus blankem Willen, der den schwächlichen Zweifel nicht kennt, von hingegossenem Blut, von stählernen Worten und dem einsamen Führer rechtfertigen soll, ist das brennende Ziel, das wachsende Reich.
Besonders makaber und von hoher politischer Relevanz ist schließlich die Einsicht, dass und wie der sprachmächtige Gerhard Schumann trotz gegenteiliger Beteuerungen in seiner Auseinandersetzung mit Albrecht Schöne (Schöne, a. a. O., S. 83 ff.) sein sprachliches Talent eingesetzt hat um eine skrupellose imperialistische Expansionspolitik („mit ihnen wächst das Reich“, Z. 14; „Und von dem Strom, der an die Grenze schlägt“, Z. 7) zu rechtfertigen.

Agnes Miegel: ***An den Führer***

„Wie die Kategorien der Entscheidung und der Tat, so unterliegt auch die des Führertums keiner Kontrolle durch die Ratio. Es sind keine sachlichen Qualitäten, durch die der Führeranspruch legitimiert ist. Zum Führer wird man nicht durch Wahlen gemacht. Seine Macht wird ihm angeblich von der Geschichte selbst verliehen, als deren Werkzeug er sich empfindet. Der Führergedanke hat für den Nationalsozialismus, [...] einen religiösen Akzent. Der Führer wird also nicht zum Demiurgen der Geschichte kraft seiner Natur, sondern er ist das Ausführungsorgan einer ihn transzendierenden Macht, sei es des Volkes, der Nation oder des Reiches als einer überempirischen Wesenheit. Weil er aber mehr ist als eine mit Führungskräften ausgestattete bedeutende Persönlichkeit, darum erwartet man mehr von ihm, als man gewöhnlich von Menschen erwarten kann; darum wird er zum Inhalt eines Mythos." (Loewy, a. a. O., S. 87 f.)

Dieses Zitat wirkt wie eine Leseanleitung für das Gedicht Miegels. Wenden wir zunächst die Kriterien „keine Kontrolle durch die Ratio" und „einen religiösen Akzent" darauf an: „erlebt ich das Wunder/Deines Nahns./Mit dem schweigend ehrfürchtigen Staunen [...] groß und glühend ergriffen,/Stumm dich grüßte!" (SH, S. 55, Z. 2–8)

Es ist schon mehr als ein religiöser Akzent, es handelt sich um religiöse Hingabe, fern von jeder kritischen Distanz, wenn die Dichterin von Wunder, Ehrfurcht und Ergriffenheit redet. Die religiöse Anbetung des Führers wird noch dadurch gesteigert, dass ihn die Dichterin im Verbund mit den Ahnen segnet und ihm die „Heilige Fackel, nie mehr weitergereichte" (Z. 38) opfern will.

Der Führer erscheint Miegel als Übermensch mit den Händen eines Wunderheilers („Fortgewischt wie Tränen vom Antlitz der Witwe/Von Deinen Händen!", Z. 16 f.). Wie Gottesdienst wird der Dienst am Führer mit „demütigem Dank" (Z. 19) vollzogen. Sie rückt diesen auch dadurch in die Nähe Gottes, dass sie ihm und den Deutschen „mit der Gabe, die Gott mir verlieh" (Z. 21), dienen will.

Die religiöse Überhöhung wird dadurch fortgesetzt, dass die Gefährten der Kindheit, die Toten, die Ahnen im „Blute" (Z. 28, Blut- und Boden-Vokabular!) in der Dichterin weiterlebend mit ihr den Führer segnen.

Am Ende der religiösen Glorifizierung steht, dass dem Führer die nie mehr weitergereichte „heilige Fackel" (Z. 38) der Generationenfolge, die auf ihn hingelebt hat, geopfert wird.

Dass das Führertum der Kontrolle durch die Ratio entzogen und zum Inhalt eines Mythos wird, dazu trägt auch die mystifizierende Sprache Miegels bei, die das während des Nationalsozialismus gängige Vokabular in besonders effektvolle Konnotationen bringt: „das Wunder/Deines Nahns" (Z. 2 f.) – „ehrfürchtiges Staunen" (Z. 4) – „Leidgeprüftes Herz" (Z. 5) – „groß und glühend ergriffen" (Z. 7) – „demütiger Dank" (Z. 19) – „Heimkehrend zur Erde,/Draus sie stiegen" (Z. 34 f.), Blut- und Boden-Vokabular) – „Ehre den Ahnen" (Z. 37) – „Heilige Fackel" (Z. 38).

Wenngleich dieses Gedicht von einer unseligen Ideologie gleichsam „trieft", darf man nicht annehmen, diese inhaltliche Perversion verhindere, dass Miegel für das Herrscherlob alle Register ihres poetischen Könnens zieht und den Führer effektvoll mit der Aura eines Heiligen umgibt.

Sie arbeitet z. B. mit Angst erzeugenden Reminiszenzen, die durch die erwähnten Attribute des Führers als Retter sogleich wieder aufgelöst werden: „Das seiner Kindheit Welt in Krieg und Stürmen vergehn sah" (Z. 6) – „Wenn in der Tiefe der Nacht, aus der Tiefe des Herzens/Schweres Erinnern stieg, wie Schatten mich ängstend:/Krieg und Aufruhr und grauer Tage Verzweiflung,/Untergangsnot und Schreckbild verkommender Jugend, -- [...]" (Z. 10–13)

Auch wegen ihres Rhythmus muss die Hymne an den Führer für dessen Gefolgschaft faszinierend gewesen sein. Wirkungsvolle metrische Akzente und Zäsuren, die das Tempo verlangsamen, versehen die Schlüsselwörter beim Lesen und Sprechen mit den gewünschten Sinnakzenten, z. B.:

„Nícht mit der Júgend
ǘberschäumendem Júbel
erlébt ich das Wúnder
Déines Náhns." (Z. 1 ff.)

Insgesamt entsteht so ein feierlich getragenes Sprechen, das den pseudoreligiösen Charakter der Hymne unterstützt.

Das unsägliche Gedicht vermittelt eine beklemmende Erkenntnis: Weil Miegel jeden kritischen Abstand verloren hat, kann sie so eindringlich die Ideologie von der „Lichtgestalt" des Führers verbreiten.

Peter Ensikat: *Wenn wir den Krieg verloren hätten*

Auf den ersten Blick scheinen Ensikats Verse aufgrund des einfachen Kreuzreims und wegen des gleich bleibenden jambischen Metrums nicht von besonderer Kunstfertigkeit zu zeugen.

Die in der schlichten Form präsentierten psychologischen Erkenntnisse sind jedoch sophisticated:

Die ewig gestrigen Nazis haben sich inzwischen den 2. Weltkrieg so schön geredet, dass sie nicht mehr daran glauben, ihn verloren zu haben. Und weil sie nicht mehr daran glauben, werden die unsäglichen Ideologeme der Nazipropaganda mit einer Unbekümmertheit perpetuiert, die alle Versuche zur Bildung humanen Bewusstseins zertrampelt: Osteuropäer gelten weiter als Abschaum, Zigeuner als heimtückische Messerstecher. Die bloße Wiederholung solcher rassistischen Vorurteile ist natürlich nicht die Raffinesse dieses Songs, sondern, dass die Nazis ihre eigenen infamen Verhaltensweisen anderen Völkern als Rachepraxis unterstellen: Bei einem verlorenen Krieg würde man selbst in Sammellagern blindem Deutschenhass ausgesetzt sein, nicht jüdische Gräber würden verunstaltet, sondern die Juden würden sich an deutschen Heldengräbern vergreifen. Die jetzt gezeigte moralische Entrüstung der Lin-

ken über die Grabschändungen der Neonazis ist natürlich Heuchelei, richtig ist, dass die Linken sich darüber freuen würden, wenn die Barbarei nur die Nazis träfe.
Bei verlorenem Kriege müssten selbstverständlich nicht die leiden, die unter den Nationalsozialisten besonders gelitten haben, die Kommunisten nämlich, vielmehr hätten diese ihre Pöstchen und die deutsche Volkswirtschaft wäre ruiniert.
Die Geschichtsblindheit der Faschisten geht so weit, dass der verlorene Krieg als Gerücht hingestellt wird. Und dann kommt der Salto paradoxale: Nicht die realitätsblinden Nazis haben das historische Gedächtnis verloren, sondern deren Kritiker. Man könnte nach kurzem Genuss dieser witzigen Pointe – Kabarett als kulinarische Veranstaltung! – zur Tagesordnung übergehen. Was die von Ensikat vermittelten Erkenntnisse als fatal erscheinen lässt: Die Satire hat hier nicht übertrieben – ist es überhaupt Satire? –, sie spiegelt eine perverse Realität wider.

Sie sagt dir, wie über Schweres/Der Weg zum Leichten geht *Partei*

Georg Herwegh: ***Die Partei***
Herweghs *Partei* ist eine Antwort auf Freiligraths Gedicht *Aus Spanien*, das dieser 1841 geschrieben hatte. In jenem Jahr war in Madrid der General Diego Leon hingerichtet worden. Er hatte die 1840 vom Thron verdrängte Regentin Maria Christina wieder an die Macht bringen wollen. Deswegen wurde er von dem regierenden General Espartero, seinem früheren Waffenbruder, erschossen.
Darüber schreibt Freiligrath ein spannungsgeladenes Gedicht, das mit der Handlung fesseln, aber kein politisches Bewusstsein schaffen will.
„Dieses freilich wäre vollauf vergessen, hätte nicht Freiligrath in den Strophen 8 und 9 vor allem sein dichterisches Vorgehen kommentiert, hätte er nicht eine programmatische Äußerung vorgetragen und damit eine literarisch-politische Debatte erwirkt. Unabhängig von seiner politischen Position hält Freiligrath die männliche Haltung des Generals Diego Leon einer Verherrlichung für würdig. (Dem hätte Herwegh, wie sein Antwortgedicht *Die Partei* zeigt, noch zustimmen können.) Mehr noch: Freiligrath erklärt, er wolle sich aus jeder Parteinahme heraushalten, Napoleon und der auf Napoleons Befehl 1804 erschossene Herzog d'Enghien stünden ihm gleich nahe (bzw. fern). Schließlich verallgemeinert Freiligrath – provozierend für Zeitgenossen während des politisch-literarischen Aufbruchs 1840ff. – zu der als Behauptung formulierten These ‚Der Dichter steht auf einer höhern Warte/ Als auf den Zinnen der Partei.'" (Eigenwald, a. a. O., S. 142)
Die einleitenden Verse der 1. Strophe, rhetorische Fragen und Ausrufe zugleich, sind repräsentativ für die Diktion dieses agitatorischen Gedichtes, das mit Sinnlichkeit zur Parteilichkeit überreden und weniger mit Argumentation überzeugen will. Mit dem Schwung fünffüßiger Jamben und begeisternder Selbstverständlichkeit holt Herwegh den Dichter von der höhern Warte Freiligraths herunter und stellt ihn wieder auf die „Zinne der Partei" (SH, S. 58, Z. 8), der er dadurch alles Profane

nimmt, dass sie selbst für Götter gut genug war. Die Enthusiasmierung für Parteinahme war freilich in den Jahren nach 1840 leichter als heute, weil der von Herwegh verwendete Partei-Begriff noch nicht moderne politische Organisationen meinte, die so oft mit starrer Disziplin oder rigidem Fanatismus abschreckten.
In Z. 9 erwähnt Herwegh das Volk, an dem ihm so viel gelegen war: „Dass die Annäherung von Literatur und Volk seine programmatische Absicht war, macht auch ein Ausschnitt aus Herweghs Aufsatz *Literatur und Volk,* 1839 publiziert, deutlich. Bérangers Wort ‚Le peuple c'est ma muse' steht dem Text als Motto voran. Herwegh schildert zu Beginn des Aufsatzes eine Art Schöpfungsgeschichte, der gemäß Gott sich, nachdem er alles geschaffen hatte, seines Volkes erbarmte, weil ‚Freiheit und Frühling unverstanden auf Erden' waren; er sandte dem Volk ‚Sänger und Dichter, es zu trösten und aus der Natur ihm zu lesen den Willen des Allmächtigen'. Bis die Freiheit wieder in die Welt käme, sollte die Poesie ihre Stelle vertreten." (Eigenwald, a.a.O., S. 138)
Schwert und Lyra bzw. Harfe sind vereint ein traditionelles Emblem für politische Lyrik. Herweghs optimistisches Vertrauen in die Wirksamkeit politischer Lyrik ist anders als heute (vgl. Hilde Domins Überlegungen im SH: *Ändern Gedichte etwas?,* SH, S. 116) noch so stark, dass er das kämpferische Handeln den Dichtern zuweist und das poetische Träumen den Fürsten. Bald sollte sich auch herausstellen, dass er die mitreißende Kraft seiner politischen Lyrik nicht überschätzt hatte. „Der erste Band von Herweghs *Gedichten eines Lebendigen*, 1841 publiziert, wurde schnell verbreitet; 1843 schon erschienen die sechste und siebente Auflage. Ein Autor hatte den Weg zum Volk offensichtlich gefunden, das Volk den Weg zur Literatur. Herweghs Gedichten war ‚gegeben zu singen und zu sagen, was ein großes Volk im ersten taumelnden Erwachen zu historischem Leben dachte und fühlte' (Franz Mehring)." (Eigenwaldt, a. a. O., S. 138) Noch nicht angekränkelt von den schlimmen Erfahrungen mit martialischem Vokabular in der politischen Lyrik des 20. Jahrhunderts benutzt Herwegh „Speer" (Z. 12); „Panzer" (Z. 13) und „Schranken"(Z. 13) naiv.
In Z. 22 wendet sich Herwegh gegen „ein Lied im Dienst der Schmeichelei". Das ist ein Seitenhieb auf das in den deutschen Partikulartstaaten übliche Herrscherlob.
Auch wenn Herwegh in Z. 32 auffordert für des Volkes Zukunft Partei zu nehmen, zeigen Z. 23 f., dass damit kein enger Nationalismus gemeint ist. Vielmehr liegt seinem Engagement eine universale Perspektive zugrunde: „der Menschheit gilt's, ein Opfer darzubringen" (Z. 23). Dazu passt das Verständnis von Partei als Parteinahme für liberale republikanische Ideale, die der Allgemeinheit nutzen sollten, und nicht für die heute übliche lobbyistische Parteipolitik. Dass die Idealisierung solcher Parteinahme noch ernst genommen wurde, zeigt die für heutiges Verständnis fast zynisch klingende Metapher „der Menschheit auf dem Altar der Partei!" (Z. 24).
Mit dem „Krankenlager unsrer Zeit" (Z. 30) meint Herwegh Verfallserscheinungen kleinstaatlicher Monarchien.
Die letzte Strophe nimmt die Auseinandersetzung mit Freiligrath wieder auf, der sich über Parteinahme erhaben fühlte. In den Z. 37 ff. wird freilich deutlich, dass die Par-

teilichkeit Herweghs fast ans Beliebige grenzt. Diese vage Haltung hat Heinrich Heine in dem Gedicht *Die Tendenz* ironisiert, dessen letzte Verse lauten:

„Blase, schmettre, donnre täglich,
Bis der letzte Dränger flieht –
Singe nur in dieser Richtung,
Aber halte deine Dichtung
Nur so allgemein als möglich."

Bis auf die Grundaussage, dass Dichter Partei nehmen sollen, ist Herweghs *Die Partei* wenig konkret in der Benennung politischer Zielsetzungen. Erstaunlich ist, dass er mit damals noch unverbrauchten Metaphern und mit metrisch-rhythmischer Lebendigkeit für viele Zeitgenossen die vagen politischen Aussagen seines Gedichtes überspielen konnte. Es handelt sich um ein Agitationsgedicht, dessen Autor jedoch offensichtlich nicht manipulieren wollte.

Gottfried Keller: *Parteileben*

Nach Karl Otto Conrady (*Das Buch der Gedichte*, a. a. O., S. 300) erschienen die hier unter der Überschrift „Parteileben" zusammengefassten Verse zuerst 1883. Wir gehen jedoch davon aus, dass sie in den Jahren 1843 ff. zu Beginn von Kellers Schaffen entstanden sind, als er politische Gedichte unter dem Einfluss Freiligraths und Herweghs verfasste. Jedenfalls wirken das erste Distichon und die ersten beiden Verse des Vierzeilers in der Mitte des Gedichtes wie ein Seitenhieb auf Freiligraths *Aus Spanien*, in dem dieser verkündet hatte: „Der Dichter steht auf einer höhern Warte,/Als auf den Zinnen der Partei." (Näheres dazu in der Interpretation des Gedichtes *Die Partei* von Herwegh, LH, S. 38 ff.)

Das zweite Distichon gibt Herwegh Recht, der in dem o.a. Gedicht 1842 Freiligraths These zurückgewiesen hatte.

Selten spricht ein Autor politischer Lyrik so frei von Emotionen, so lehrhaft, von so sicherer Warte. Zu dem selbstbewussten Verkünden unumstößlicher Weisheit passen die Epigramme am Anfang und Ende und das Quartett in der Mitte, das durch den vierfach identischen Reim ebenso fest geformt wirkt.

Johannes R. Becher: *Die Partei* (vgl. auch LH, S. 86)

Wenn man die Frage Bechers an sich selbst: „Was wäre ich, ohne dass mich die Partei/In ihre Zucht genommen, ihre strenge?!" (SH, S. 60, Z. 1 f.) verstehen will, ist ein wenig theoretischer Hintergrund über die marxistische Parteienlehre erforderlich: Lenin entwickelte die Lehre von der proletarischen Partei, deren Fundament Marx und Engels gelegt hatten, weiter. Aus ihr sind für das Verständnis von Bechers Gedicht diese Einsichten grundlegend:

– Die Partei ist die Vordenkerin für das Handeln der Arbeiterklasse.
– Die Parteimitglieder tragen gegenüber den nicht in der Partei organisierten Arbeitern besondere Verantwortung.

- Die Partei verlangt von ihnen unbedingte Treue zur Sache der Arbeiterklasse, Ausdauer, Standhaftigkeit, Solidarität und Opferbereitschaft.
- Jedes Mitglied gehört einem Kader der Partei an und ist dort zur aktiven Mitarbeit verpflichtet.
- Die nach dem Prinzip des demokratischen Zentralismus organisierte Partei stützt sich auf einheitliche Beschlüsse.
- Die Mitglieder sind verpflichtet diese Beschlüsse der Parteiorganisationen und ihrer Leitungen diszipliniert durchzuführen. (Vgl. Wörterbuch der marxistisch-leninistischen Soziologie. Köln und Opladen: Westdeutscher Verlag 1969, S. 329)

Angesichts dieser strikten Forderungen liegt es nahe, dass der Kommunist Becher die strenge Form des Sonetts wählt um mit den ersten beiden Versen und mit dem letzten herauszustellen, wie sehr die Partei ihn in die Zucht genommen habe. „Wir sind nicht Menschen, wir sind Klassenmenschen, Menschen der einen oder der anderen Klasse, und auch die Dichtung ist klassengebunden, auch das Wort ist dem Klassengesetz untertan.“ (*Rundfunkgespräch zwischen Johannes R. Becher und Gottfried Benn* (1930), SH, S. 62)

Dass man ohne die Partei zum Spießer werde, sich mit Wutgeschrei selbst zerfetze und dabei eine Menge Alkohol vertilge, ist eine sehr individualistische Sicht Bechers. Andersdenkende werden argumentieren, dass gerade die Partei/Parteien häufig diese Wirkungen hervorbringen.

Dass man ohne die Disziplinierung der Partei als Dichter nur dekorative, dekadente, inhaltsleere Zeilen produziere (vgl. Z. 5 ff.), war jedoch ein Topos kommunistischer Agitationslyrik. Das Gedicht *L'art pour l'art* von Max Zimmering (vgl. Interpretation LH, S. 28 f.) unterstellt der bürgerlichen Dichtung diese Tendenz mindestens so deutlich wie Becher.

In den Terzetten des Sonetts kommt Becher wieder zu ganz persönlichen Bekenntnissen zurück, von denen er jedoch hofft, dass sie als allgemein gültige Erkenntnisse akzeptiert werden. Ohne die Perspektive, die die Partei jeglicher Arbeit, auch der des Dichters, gibt, sei die Arbeit und sei somit auch das Leben sinnlos.

Hasso Grabner: *Die Partei*

Berichtete Becher (vgl. LH, S. 40 f.) von der Partei als Zuchtmeisterin, so lässt Grabner, der die Partei personalisiert und einen direkten Kontakt zwischen ihr und dem Genossen herstellt, diese gleichsam auf Augenhöhe ihre Forderungen verkünden. Getreu der leninistischen Lehre von der Partei, wie sie in der Interpretation des Becher-Gedichtes skizziert wurde, ist die Partei auch bei Grabner keine Dialogpartnerin, deren Beschlüsse diskutiert werden könnten. Auch in dessen Gedicht sagt sie den Genossen, „wo es langgeht“. Jedoch verkündet sie nicht nur Disziplin, sondern auch Lebensfreude, vor deren Genuss sie freilich den „tatfrohen, wachen“ Kampf gesetzt hat (SH, S. 65, Z. 25 ff.).

Auf die letzte Strophe, die ein freudvolles Leben als Gewinn von Mühen beschreibt, läuft das ganze Gedicht hinaus. Jede der vorausgehenden Strophen stellt eine Forde-

rung auf dem Weg zu diesem Ziel auf: Statt Träume von morgen rechtschaffene Arbeit heute (1. Str.), jedes Ding gedeiht nur durch Arbeit (2. Str.), an Stelle von Schwärmerei Energieproduktion vor Ort (Anspielung auf Lenins Forderung nach allseitiger Elektrifizierung, 3. Str.), Vorbereitung der Schlussaussage über Lachen und Leben (4. Str.), an Stelle von Illusionen Eigeninitiative (5. Str.), die Handlungsmaximen der Partei sind nicht populär (6. Str.).
Wie anders als Becher, der mindestens ebenso von sich wie von der Partei spricht, wirbt Grabner für diese. Zwar ist sein Motto „[...] wie über Schweres/Der Weg zum Leichten geht“ (Z. 23 f.), aber seine Agitation kommt mit schwerelosen Schritten daher: Zahlreiche Daktylen nehmen den Trochäen das Gewicht; der Kreuzreim mit Enjambements vom dritten zum vierten Vers sichert einen leichten Fluss des Rhythmus; die inhaltlichen Aussagen sind leicht fassbar, weil je zwei Verse, mit deutlicher Diärese dahinter, eine Mitteilung der Partei enthalten.
Die inhaltliche Aussage Grabners von der Partei mit dem alleinigen Wahrheitsanspruch hat sich heute erledigt, aber eine Einsicht vermittelt sein Gedicht über den Tag hinaus: Agitproplyrik muss auch für den Andersdenkenden nicht immer spießig und muffig wirken; sie kann sogar Charme haben, auch wenn er im Falle dieses Gedichtes aus heutiger Sicht naiv erscheint.

Eugène Pottier/Emil Luckhardt: *Die Internationale*
Kein Geringerer als Bertolt Brecht war von diesem Gedicht überaus beeindruckt: „Die Strophe ‚Völker, hört die Signale/Auf zum letzten Gefecht!/Die Internationale/Erkämpft das Menschenrecht.‘ ist heute lebendig wie am ersten Tag. Da hat jedes Wort seinen Sinn, und er kann in reichster Weise kommentiert werden. Da sind die Völker, die in der Internationale aufgelöst werden, damit das Menschenrecht erkämpft werde; da sind die Signale, die sie hören müssen; da ist das letzte Gefecht. Da sind die Völker, die gegeneinander gefochten haben und fechten und die sich vereinigen sollen und wieder zum Gefecht; da sind die Völker, die das Menschenrecht noch nicht haben. Da ist das Gefühl von der Schwierigkeit des Kampfes, und da ist die Siegesgewißheit! Das ist so groß wie klug gefühlt.“ (Brecht: *Die Dialektik*, vgl. SH, S. 45)
Nach dem mit wenigen Ausnahmen weltweiten Zusammenbruch des real existierenden Kommunismus können wir Brecht nicht mehr darin folgen, dass die von ihm zitierte Strophe, geschweige denn das gesamte Gedicht von Pottier, heute so lebendig ist wie am ersten Tage. Politische Gedichte entwickeln wie alle Kunstwerke ihre Lebendigkeit nicht nur aus dem Arrangement ihrer Zeichen, sondern auch aus der historischen Nähe bzw. Distanz zu ihren Rezipienten. Letztere hat bei dem Gedicht von Pottier dazu geführt, dass die Hoffnung auf Beseitigung von Ungleichheit durch internationale Solidarisierung von weitaus weniger Menschen geteilt wird als beim Erscheinen des Gedichtes oder als Brecht dessen unverbrauchte Vitalität behauptete.

Auch der politische Einfluss der „Internationale“ in der Realität ist von Anfang an überschätzt worden. „Bereits 1864 war in London eine ‚Internationale Arbeiter-Assoziation‘ gegründet worden, in der Sozialisten, Demokraten und auch Anarchisten vertreten waren. Die ‚Internationale‘, deren Wortführer Karl Marx war, gewann zwar nie den politischen Einfluss, den ihr die Gegner zusprachen um mit dem Gespenst einer weltweiten Verschwörung jede Opposition zu unterdrücken. Für das Selbstverständnis der Sozialdemokratie als revolutionärer Klassenpartei gewann die Idee einer Verbrüderung des internationalen Proletariats jedoch große Bedeutung.“ (Pleticha, a. a. O., Bd. 10, S. 117)

Gemessen an der begrenzten Wirkung der „Internationale“ als politischer Organisation ist der Bekanntheitsgrad des Gedichtes *Die Internationale* sehr hoch, und betrachtet man es als Kunstwerk, so hat es bis heute seinen Zauber als perfekte Agitation und Propaganda bewahrt.

Das Gedicht beginnt mit einem Weckruf, der den globalen Blick auf die Verdammten öffnen soll. Es hat einen unbedingten Appellcharakter, der sich in den ständig wiederholten Aufrufen zur Handlung und in den apodiktischen Beteuerungen zeigt, z. B. „Die Internationale erkämpft das Menschenrecht!“ (SH, S. 66, Z. 11 u. 14).

Dem Zwang zum Hungern wird das Recht gegenübergestellt, das sich unaufhaltsam durchsetzen wird. Welche Dynamik liegt in der Metapher: „Das Recht wie Glut im Kraterherde/nun mit Macht zum Durchbruch dringt.“ (Z. 3 f.)

Zwar werden die Ausgebeuteten als Sklaven bezeichnet, die wiederholt zum Aufwachen (Z. 6) aufgefordert werden. Aber sie sind ein ganzes Heer und haben die Chance sich aus dem Nichts in alles zu verwandeln (Z. 7 f.).

Der Refrain ist psychologisch sehr geschickt. Es muss Mut machen, sich im solidarischen Verbund von Völkern zu fühlen und in ein Gefecht zu ziehen, das siegreich sein wird; denn es ist das letzte: „Die Internationale erkämpft das Menschenrecht!“ (Z. 11 u. 14) Das wird wiederholt. Die Iteration hat schon immer zu den beliebtesten Mitteln der Propagandasprache gehört.

Indem die 3. Strophe Rettung von außen ausschließt, will sie die Elenden zwingen ihr Schicksal selbst in die Hand zu nehmen. Dies ist unausweichlich, weil die Rechte des Armen und die Pflichten des Reichen nur leere Worte sind (eingängiger Parallelismus in Z. 19 f.).

Das Gedicht wendet sich mit Z. 19 f. nicht nur an das misshandelte Gerechtigkeitsempfinden, es stachelt in Z. 21 f. auch den verletzten Stolz.

Zeile 24 f. richtet das geschundene Selbstbewusstsein auf: „Wir sind die stärkste der Partei'n“. Die Welt gehört den Arbeitern (Stärkung des Klassenbewusstseins), nicht den Müßiggängern (Z. 26 f.). Raffiniert werden die Ausbeuter, ohne sie direkt beim Namen zu nennen, mit Raben und Geiern verglichen. Erst müssen sie vertrieben werden, bevor die Versprechung „Sonn ohn Unterlass!“ (Z. 31) Wirklichkeit werden kann.

Die eindringlichste Beschwörung ist wirkungslos, wenn sich ihre Worte nicht rhythmisch einprägen. Das lebhafte Metrum beginnt in der ersten Zeile mit Jamben,

dann folgt ein Zeilensprung mit Daktylus. In der 4. Zeile wechselt das Metrum zum Trochäus. In der 5. Zeile lockert ein Daktylus den Trochäus auf, in der 7. Zeile erscheint wieder der Jambus, in der 8. beschleunigt wieder ein Daktylus den Trochäus. Der bewegliche Rhythmus herrscht auch in dem Refrain: Daktylen im 1. und 2. und 3. Vers.
Lebendig wie am ersten Tag ist *Die Internationale* nicht mehr, aber ihre eindringliche Gestaltung wird wohl unvergessen bleiben.

Seid unbequem, seid Sand [...] im Getriebe der Welt!
Politische Erziehung

Günter Eich: *Wacht auf, denn eure Träume sind schlecht*
Die vorliegenden Zeilen sind kein selbstständiges Gedicht, sondern das Ende des 5. Traums aus Eichs Hörspiel *Träume*.
In der Cornelsen-Ausgabe dieses Hörspiels (bearbeitet von Klaus Klöckner, Reihe: *Klassische Schullektüre*) lesen wir, dass nach Eichs Auffassung Hörspiele durchaus provokativ sein sollten:
„Das Hörspiel *Träume* wird zur ‚Geburtsstunde der notwendigen Herausforderung des Publikums durch das Hörspiel', schreibt Heinz Schwitzke, Dramaturg Eichs und Hörspielchef des größten deutschen Rundfunksenders, des Nordwestdeutschen Rundfunks [...] Eich lässt eine Person seines Hörspiels *Die Brandung von Setúbal* (1957) sagen: ‚Dichter, die niemanden erschrecken, sind zu nichts anderem wert, als dass man sich über sie unterhält.'" (vgl. Vorwort zu *Träume*, S. 6)
Dass Eich in dieser Weise mit seinen programmatischen Äußerungen und der Dichtung selbst aufrütteln will, ist aus der restaurativen Tendenz der Adenauer-Zeit zum Rückzug ins Unpolitische und zum Vergessen zu erklären.
In *Wacht auf [...]* hat Eich die Metapher des Schlafs für das Vergessen und Verdrängen gewählt. Ihm ist daran gelegen, den Zusammenhang des Vergessens und Verdrängens mit der Saturiertheit der fünfziger Jahre („oh, angenehmer Schlaf,/wenn der Braten fett war und das Gemüse zart", SH, S. 68, Z. 11 f.), mit der Trägheit der Herzen („Man kann dagegen nichts tun, wenn einer etwas härter liegt als der andere [...]", Z. 24; „Wacht darüber, dass eure Herzen nicht leer sind, wenn mit der Leere eurer Herzen gerechnet wird!", Z. 30) und mit der Anspruchslosigkeit des Denkens („[...] das genügt das Gehirn zu beschäftigen", Z. 16) herzustellen.
Das Spezifische an der politischen Lyrik Eichs ist, dass sie parteipolitisch nicht festzumachen ist, sondern überparteilich auf Moral setzt. Typisch dafür ist das Beispiel der wegen Abtreibung Angeklagten. Die in der Adenauer-Zeit begonnene Diskussion über den § 218 wurde von dessen Befürwortern und Gegnern mit intensiven Appellen an die Moral geführt, so auch von Eich, der das drastische Bild der Mutter mit den sieben Kindern ausmalt.

Eich evoziert gleich zu Beginn seiner Verse „das Entsetzliche“ (Z. 2) um damit das bequeme Verdrängen zu bedrohen. Die angestrebte bedrückende Wirkung soll u. a. damit erreicht werden, dass dessen Umrisse vage bleiben und dadurch mit obsessiven Assoziationen gefüllt werden können. Später versucht er den Gleichgültigen metaphorisch jeden Ausweg zu versperren: „Schon läuft der Strom in den Umzäunungen und die Posten sind aufgestellt.“ (Z. 27)

„lies keine oden, mein sohn, lies die fahrpläne:
sie sind genauer. roll die seekarten auf,
eh es zu spät ist. sei wachsam, sing nicht.“

Nicht nur in diesem Gedicht Enzensbergers gibt es mehrere Anklänge an Eich. Ein großer Dichter und Moralist hat mit seiner politischen Lyrik große Nachfolger gefunden.

Hans Magnus Enzensberger:
Über die Schwierigkeiten der Umerziehung (vgl. auch LH, S. 88)

Für Hans Magnus Enzensberger ist es charakteristisch, immer seiner Zeit voraus zu sein. Damit hat er meistens zur rechten Zeit ein gravierendes Defizit bewusst gemacht. In der bei der politischen Erziehung affirmativen Adenauer-Zeit war er es, der 1957 eine neue Weiche stellte mit *Ins Lesebuch für die Oberstufe* (*Verteidigung der Wölfe*). Als 1971 noch die Mehrheit der sog. Neuen Linken naiv darauf setzte, dass mit Bewusstseinsveränderung auch entsprechend konsequentes Handeln einherginge, schrieb er, den folgenlosen akademischen Enthusiasmus der MitläuferInnen und das Beharrungsvermögen der umzuerziehenden BürgerInnen richtig einschätzend, *Über die Schwierigkeiten der Umerziehung*.

Diese Polit-Pädagogik, mit einer kräftigen Prise Kabarett gewürzt, setzt kultur-kulinarisches Vermögen voraus, aber sie enthält auch einen ernst gemeinten Kern. Gerade die Neue Linke hatte mit akademischem Hochmut über die von ihr so oft zitierte Klientel, über das Proletariat, hinweggeredet und ihr sind die Refrain-Zeilen „Wenn nur die Leute nicht wären“ besonders ins Stammbuch geschrieben. In großen Teilen selbst kleinbürgerlich geblieben hatte sie die Schimpfe „Kleinbürgerliches Schwanken! Konsum-Idioten!“ zu ihrer eigenen Entlastung zu Stereotypen gemacht.

Jedoch lässt sich Enzensbergers Kritik nicht auf politisches Fehlverhalten der siebziger Jahre reduzieren. Die historische Perspektive ist immer präsent. Sie zeigt sich in der Ironisierung von Utopien in den Zeilen 3–5 (SH, S. 69), die bis auf den aus der Antike stammenden Begriff goldenes Zeitalter (z. B. des Perikles, des Augustus), auf die linear gegliederte christliche Geschichtsauffassung mit der Erwartung der Wiederkunft Christi und auf die von Max Stirner 1845 entwickelte Lehre des Anarchismus zurückreichen.

Schelmisch oder gar süffisant lächelt Enzensbergers Muse in der 3. Strophe. Mit ihrem Witz macht sie die Belehrung zum Genuss. In Z. 10 geht es um das grenzenlose Ziel der „Befreiung der Menschheit“, in Z. 18 um das anbrechende Millenium.

Die Begeisterung über die Infinity wird aber durch Banalitäten wie Friseurbesuch, Bier, Krampfadern, Masern, Briefkasten, Bett und Windeln ausgebremst.
Von der feinsten Ironie ist die Klimax in den Wenn-nur-nicht-die-Leute-Strophen. Erst die Klage darüber, dass sie alles durcheinander bringen, dann der Vergleich mit dem Sack Flöhe und schließlich die paradoxe Einsicht, dass man die Zöglinge seiner Mission doch nicht alle umbringen könne.
Nachdem das lyrische Ich – wir sagen hier getrost Enzensberger – seine an die Leute geketteten Narren so gekonnt vorgeführt hat, lugt er noch einmal durch den Vorhang: „(Dann möchte auch ich hier nicht weiter stören.)" (Z. 34)

Helga M. Novak: ***Lernjahre sind keine Herrenjahre***

Novaks offene Kritik am Funktionärssozialismus führte 1966 zur Aberkennung der DDR-Staatsbürgerschaft. Wer die schneidende Kritik dieses 1962 erschienenen Gedichtes liest, wundert sich, dass die Ausweisung noch vier Jahre auf sich warten ließ. Aber nur der Mut, die martialische Erziehung durch einen Staat zu kritisieren, der sich so viel darauf zugute hielt, besonders friedliebend zu sein, macht dieses Gedicht allein noch nicht zu einer außerordentlichen intellektuellen Leistung. Es ist die Form, welche die Pointe mit der Präzision eines Epigramms bringt, freilich mit dem Unterschied, dass sie vorbereitet mit einer Spannungssteigerung über sieben Stufen wie ein Peitschenhieb gegen die Lehre des Vaterlandes wirkt.
Man könnte meinen, dass nach dem Totenkult mit Stalin der Zynismus von der Maschinenpistole nicht mehr zu übertreffen sei, aber dann folgt die Denunziation der Mitmenschen und der Gipfel der Heuchelei, den „guten Deutschen"(SH, S. 71, Z. 17 f.) für diese Erziehung in Anspruch zu nehmen.
Novak engagierte sich auch in der Studentenbewegung der BRD (vgl. *Aus der Zeit der APO*, SH, S. 26 ff.). Wer also dieses Gedicht *heute* nur als Abrechnung mit der DDR versteht, greift zu kurz. Dem gesamten deutschen Vaterland hat es immer an „schlechten Deutschen" (Z. 17 f.) gefehlt.

Günter Ullmann: ***ich sollte hören***

Hatte Novak mit *Lernjahre sind keine Herrenjahre* eine Erziehung vorgestellt, die für die DDR typisch war, so breitet Ullmann mit *ich sollte hören* einen Tugendkatalog aus, der seit 1945 mit geringen Abstrichen zumindest bis 1968 auch in der Erziehungsstruktur der idealtypischen Unterschicht in der BRD gültig war. Man darf aus diesem Gedicht schließen, dass mit der vorgenommenen Einschränkung in beiden deutschen Staaten die pädagogische Maxime galt: „durch Anpassung zum Erfolg".
Würden die zwei Zeilen fehlen, in denen die einschlägigen Erziehungsinstanzen der DDR erwähnt werden, so könnte man meinen, das Gedicht sei in der BRD entstanden. Ullmann führt die Erziehung zum Funktionieren mit ihren zwei Seiten vor, mit den positiv besetzten Tugenden und mit den zu unterdrückenden Verhaltensweisen: „ich sollte nicht auffallen" (SH, S. 72, Z. 14) etc.

Die selbstverständlich nicht direkt ausgesprochene Lehre des Gedichtes: Wer nicht zur Ich-Stärke erzogen wurde, wer keine Praxis in Kritik und Widerstand hat, der sieht keine Alternativen. Wer diese nicht erblickt, kann auch nicht träumen und umgekehrt. Nur wer richtig zu träumen gelernt hat, erkennt Alternativen.
Die Theorie bestätigt Ullmanns Gedicht so:
In der patriarchalisch organisierten Familie der Unterschicht „wird sehr viel Wert auf die Einhaltung äußerer Regeln gelegt, deren wesentliche Bestandteile Ordnung, Sauberkeit, gute Manieren und Gehorsam sind. Dadurch erreichen die Kinder jedoch keine Selbstständigkeit in Bezug auf Entscheidungen und Problemlösungsmöglichkeiten. So werden die Kinder zu funktionierenden Gruppenmitgliedern, nicht aber zu autonomen Persönlichkeiten erzogen." (Forytta u.a., a. a. O., S. 169)

Sie frisst ihre Kinder
Revolution

Erich Mühsam: *Der Revoluzzer*

Zum Verständnis dieses Gedichtes fragt man sich sogleich, warum Mühsam es der deutschen Sozialdemokratie gewidmet hat. Dies hat mit dem sog. Revisionismus zu tun, einer Richtung innerhalb der deutschen Sozialdemokratie vor 1914, die eine sozialreformerische Politik an die Stelle des klassischen Marxismus setzen wollte.
„Theoretisch begründet wurde der R. von E. Bernstein, der die These von Marx, dass die Entwicklung des Kapitalismus geschichtsnotwendig zu einer proletarischen Revolution führe, als widerlegt ansah. Er forderte die Abkehr vom revolutionären ‚Endziel' und trat für die allmähliche Reformierung der bestehenden Ordnung ein. In der SPD konnte sich der R. programmatisch nicht durchsetzen, er wurde aber zur Grundlage der praktischen Politik." (Das Lexikon der Weltgeschichte. a. a. O., 1998, S. 654)
Mühsam, der u. a. von 1911–1919 das Literaturblatt „Kain" als „reines Revolutionsorgan" redigierte, sah also in der Sozialdemokratie ein Sammelbecken für inkonsequente Mitläufer der Revolution, in dem Gedicht ironisch als „Revoluzzer" bezeichnet. Dass ein solcher die Revolution nicht im Sinne von Trotzkij als permanente Aufgabe betrachtet, zeigt die zweite Zeile des Gedichts als Unterscheidung von den Berufsrevolutionären „im Zivilstand Lampenputzer". Symbol für den angepassten Sonntagsrevolutionär ist die „Revoluzzermütze" (SH, S. 74, Z. 6). Anders die echten Revolutionäre, die konsequent „mitten in der Straßen Mitten" (Z. 10) marschieren. Die Hinweise auf den Barrikadenbau und das Ausrupfen der Gaslaternen sollen – auch das eigene Ideal ein wenig überzeichnend– die Echtheit der Revolution unterstreichen, mit welcher der Lampenputzer nolens volens konfrontiert wird. Er kann das Auslöschen des „guten Leuchtelichts" (Z. 19) nicht leiden, weil dann „kein Bürger [der er ja auch geblieben ist, E.M.] nichts mehr sehen" (Z. 22) kann. Das Mitmachen bei der Revolution ist für ihn nur ein Mitspielen, das er verweigert, als er

seine Gewohnheiten, allegorisiert durch das Putzen der Gaslaternen, aufgeben muss.
In der Schlussstrophe wird offenbar, dass der Lampenputzer und sein Verhalten nur metaphorisch für den bürgerlichen Mitläufer – nicht für den Arbeiter – stehen, für den Revolutionmachen chic ist, solange sein Lebensbereich nicht davon tangiert wird. Der Lampenputzer, so zeigt sich, kann auch ein Akademiker sein, der typisch revisionistisch ein Buch schreibt „wie man revoluzzt/und dabei doch Lampen putzt" (Z. 31 f.), also über das Paradoxon einer bürgerlichen Revolution mit Glacéhandschuhen.
Die Ironie Mühsams hat sich mit der Form des Bänkelsangs, mit den hier bewusst einfältig wirkenden a a-b b-Reimen und den gleichmäßig dahintrottenden Trochäen ein Trottoir für den Revoluzzer, den sentimentalen Einfaltspinsel, gewählt.

Bertolt Brecht: ***Was ist geschehen?***

Brecht beantwortet seine Frage *Was ist geschehen?* damit, dass die Revolution ihre erste Schlacht gewonnen habe, nicht weniger und nicht mehr. Gleichwohl hat Brechts Bild, das den Zustand nach der ersten siegreichen Etappe auf dem langen Marsch zur vollendeten Revolution zeigt, aus der Perspektive einer vorrevolutionären Realität bereits utopische Züge. Zwar gibt es noch die für den Kapitalismus kennzeichnenden Besitzverhältnisse, Produktionsverhältnisse und Arbeitsteilung, aber die Gesellschaft ist gar so freundlich und solidarisch. Brecht war viel zu sehr Realist, als dass ihm dies nicht bewusst gewesen wäre.
Warum also dieser sehr intensive Vorschein einer besseren Wirklichkeit?
Der „Politdidaktiker" Brecht kannte die großen Hemmungen und Schwierigkeiten der Masse auf dem Wege zur Revolution sehr genau und sah in seiner Kunst ein Mittel ihr Hoffnung zu machen:
„Aber jedermann, der eine revolutionäre Erhebung studiert hat, weiß, welche inneren Schwierigkeiten eine Masse hat, sich zu erheben. Der Mensch wirft sich in das Neue nur im Notfall. Der majestätische Satz ‚Das Proletariat hat nichts zu verlieren als seine Ketten' hat seine Gültigkeit in der historischen Sphäre und eben für die ganze Klasse, aber die innere Geschichte einer Revolution besteht gerade darin, daß das Proletariat, das heißt die Proleten, sich dazu finden, als Klasse zu handeln. In diesem Prozeß haben sie eine Menge aufzugeben und viel zu riskieren.[...] Gegen sie steht ihre Religion, ihre Lebenskunst, die sie so mühsam gelernt haben, viel davon vom Feind, eine komplexe Ausstattung von Gewohnheiten und Maximen. Deshalb muß der Umsturz selber etwas Geschäftsmäßiges bekommen, ein organisiertes Unternehmen, in dem sie die Züge ihres Alltags wiedererkennen können, kurz, vernünftig, um die Massen einzubeziehen." (Brecht: Aber jedermann [...], a. a. O., S. 119 f.)
Es müsste nicht Brecht sein, wenn nicht die einzelnen Zeilen seiner anschaulichen Antworten auf die Themafrage ungeachtet ihrer Sinnfälligkeit noch Annlass zum Nachdenken gäben:

Lässt der Fabrikbesitzer sein Flugzeug überholen um die Verschwendung eines Neukaufs zu beenden?
Ist es jetzt das Ziel des Pfaffen, Zinsen generell in Frage zu stellen?
Ziehen die Generäle Zivilkleider an, um ein äußeres Zeichen für das Primat der Politik gegenüber dem Militär zu setzen?
Schreiben die Zeitungsschreiber das Wort „Volk“ mit großen Buchstaben, weil sich Herablassung in Solidarität gewandelt hat?
Dieses Gedicht von Brecht gehört einer Kategorie politischer Lyrik an, die freilich wirbt, dabei aber in einem Maße das Mitdenken der Lesenden anspricht, dass wir uns scheuen hier von Agitprop zu reden. Der Didaktiker Brecht versucht sich auf dem schmalen Grat zwischen Überreden und Überzeugen zu bewegen. Dafür scheint uns die Bezeichnung „politisches Lehrgedicht“ angemessen.

Erich Fried: *Sie*

Man stelle sich vor, dass man, einige Gedichte von Erich Fried kennend, in einem Inhaltsverzeichnis auf den Titel *Sie* stößt. Man fragt sich: Hat er eines seiner Liebesgedichte geschrieben oder ist es doch ein politisches Gedicht? Aber wer verbirgt sich dann hinter dem „Sie“? Wie auch immer: Dieser Titel erregt Spannung.
Dann stellt man fest, Fried hat die Revolution wie eine antike Sagengestalt personifiziert. Und was für ein Ungeheuer erscheint in den ersten beiden Strophen?
Es ist ein Mixtum compositum aus vernichtenden Urteilen, vor allem aber aus Vorurteilen. Man denkt an das Buch von Wolfgang Leonhard: *Die Revolution frisst ihre Kinder* (SH, S. 76, Z. 1), man erinnert sich der unermüdlich arbeitenden Guillotine der Französischen Revolution (Z. 2), man sieht die enthusiastischen oder von Fanatismus verzerrten Gesichter junger Intellektueller vor sich, die einer störrischen, tumben Menge predigen (Z. 3), man hat z. B. die selbstgerechten Worte des Fabrikanten Dreißiger aus Hauptmanns *Weber* noch im Ohr (Z. 4), man denkt an die russische Februar- und Oktoberrevolution von 1917 mit Erhaltung des Staatsapparates durch die Revolutionäre, regulärer Armee an Stelle des „bewaffneten Volkes“, an die Tscheka und an unbegrenzte Vollmachten zum Kampf gegen die „Konterrevolution“ (Z. 5 f.).
Revolutionen sind in keinem System beliebt, und wenn sie vorgesehen werden, wie vom Marxismus-Leninismus, werden sie, falls die Richtung den Machthabern missfällt, als Konterrevolutionen diskreditiert. Von daher wundert es nicht, dass zumindest in den kapitalistischen Demokratien jedes Kind in der Schule lernt, die Revolution sei unnötig (Z. 9 f.) und dass das nach dem Muster der ersten beiden Strophen indoktrinierte Volk sie nicht will (Z. 11 f.).
Dass nach der Reduzierung kommunistischer Staaten auf China, Nordkorea und Kuba die Feinde von Revolutionen nicht gut schlafen, ist heute unwahrscheinlich (Z. 16).

„Die an sie glauben/sind manchmal müde von Zweifeln“ (Z. 17f.). Davon darf man ausgehen. „Einige die sie hassen/wissen sie kommt“ (Z. 19f.). Angesichts der Globalisierung des Kapitalismus hat sich der Hass abgekühlt.
Heute hätte Fried vielleicht gefragt, ob die Revolution nicht für manche ein willkommener Popanz ist. Gegen wen benötigen z. B. die USA den geplanten Raketenabwehrschild?
Der ästhetische Reiz dieses Gedichtes liegt in den unerwarteten Pointen der 3. und 4. Zeilen der 3., 4. und 5. Strophe.

Hermann Peter Piwitt: *Nachlese*
In seiner Nachlese einer Revolution benutzt Piwitt die darstellende Funktion der Sprache und schreibt ein Lehrgedicht über eine Pseudorevolution in einer spätkapitalistischen (wie es Ende der sechziger Jahre hieß) Gesellschaft in Deutschland.
„Alles ist schon passiert/im Fernsehen“ (SH, S. 77, Z. 5f.). Man fühlt sich an Tucholskys Gedicht *Zehn Jahr deutsche Revolution* erinnert, in dem er 1928 die unechte Revolution so ironisierte: „Die Revolution findet wegen schlechten Wetters im Saale statt – Wohl dem, der solch ein Republike hat!“
1968, als ein großer Teil der deutschen akademischen Jugend erst begriff, dass die außerparlamentarische Opposition die Gesellschaft umwälzen wollte, ist Piwitt zwar zu spät gekommen, aber in Berlin noch so am Puls der Zeit, dass er früher als die meisten feststellt, dass die sog. Revolution nur ein akademisches Schauspiel ist. Das Geschäft läuft indessen ungestört weiter; denn „Mit den schönsten rechnet schon/die Filmwirtschaft.“ (Z. 10f.).
Die 2. Strophe skizziert das bürgerliche Sekuritätsbewusstsein, meilenweit von dem revolutionären Bewusstsein einer unterdrückten Klasse entfernt, das Marx für die notwendige Voraussetzung einer Revolution gehalten hatte. Man heiratet nicht einmal unter dem Stand und selbst Scheidungen erscheinen als zu großes Risiko.
Schön die Metaphern von den Lochschwägern und den Taubenkrusten in Hinterhöfen um die Stagnation zu charakterisieren.
Die APO glaubte damals, der Tod von Benno Ohnesorg sei das Signal für eine Revolution, aber an die Stelle von Nachrichten über den bewaffneten Kampf zwischen Demonstranten und sog. Ordnungskräften sind wieder konventionelle Todesanzeigen getreten.
„Langsam versteift sich die Lage/zur Idylle“ (Z. 21f.): Das hat Piwitt richtig gespürt für den größten Teil der akademischen Jugend. Er konnte 1968 nicht ahnen, dass die Rote Armee Fraktion unter der Führung von Andreas Baader und Ulrike Meinhof 1970 nach dem Konzept der Stadtguerilla mit bewaffnetem Kampf und Terror ernsthaft Revolution gegen die „Gewalt der Herrschenden“ zu machen versuchte, bei der bekanntlich die erhoffte Solidarisierung der Massen ausblieb. Revolutionäre mit höchster Risikobereitschaft konnte Piwitt nicht entdecken, dafür aber „zu allem entschlossene/Gastronomen“ (Z. 24f.).

Am Ende steht schneidende Ironie gegen jene, die sich bereits etablieren, aber die verlorene Illusion nicht eingestehen.
Die Zeilensprünge des geistreichen Gedichtes führen zu einer Kette von Pointen z. B.: zu spät – – – zur Revolution (Z. 3 f.); schon passiert – – – im Fernsehen (Z. 5 f.); versteift sich die Lage – – – zur Idylle (Z. 21 f.).

Abteilung Mensch weiblich
Situation der Frau

Johanne Charlotte Unzer: *Nachricht*

Was das Verspielte angeht, scheint *Nachricht* ein typisches Produkt der Rokoko-Lyrik zu sein. Es ist aber weitaus mehr als anakreontisches Getändel um Liebe, Wein und Geselligkeit. Vielmehr macht sich Johanne Charlotte Unzer (1725–1782), die mit einem Arzt und Schriftsteller verheiratet war, Gleims Scherz (der vielleicht nur seine wahre Meinung verzuckerte) von den „Mägdchen als lebendgen Puppen für die Männer" zunutze um ihrerseits einen „Scherz" draufzusetzen. Sie tut das in der Epoche der Aufklärung, in der ein relativ freies Meinungsklima herrschte. So treten z. B. die Wochenschriften für Bildung und Anerkennung des weiblichen Geschlechts ein. Aber sie zückt die spitze Feder gegen keinen Geringeren als Gleim, den Kanonikus des Stiftes Walbeck in Sachsen-Anhalt, der zu dieser Zeit eine Institution ist und dem Voß, Herder, Goethe, Wieland und Heinrich von Kleist ihre Aufwartung machen. Die Rokoko-Lyrik spielte mit dem Kleinen und Naiven. Dies greift Unzer im zierlichen Kontretanz auf, aber ohne Fächer vor dem Mund:

> „Doch wisst, ihr stolzen Mägdchenkenner,
> Ihr *kleinen* Zwecke *kleiner* Puppen!
> [....]
> Sah sie euch an als *kleine* Kinder,
> Die noch nicht unterscheiden können." (SH, S. 80, Z. 5–10)

Um ihre geistreichen Worte optimal zu setzen, verzichtet die Dichterin auf die damals beliebten Reime. Aus dem ungewöhnlichen Titel *Nachricht* geht hervor, dass sie in ihren Versen mehr als nur Grazien-Poesie sah. Daran erinnert jedoch der ungemein lebendige Rhythmus, dessen Akzente auf der metrischen Grundlage des Jambus wie bei einem Capriccio ständig wechseln.
Der Interpret hat nur ein paar dürftige Zeilen über das Leben von Johanne Charlotte Unzer gefunden. Um auf den Anfang der Interpretation zurückzukommen: Vielleicht steht bald über Herrn Unzer in Literaturgeschichten, dass er mit der Dichterin Johanne Charlotte verheiratet war.

Dorothea Schlegel: ***Draußen so heller Sonnenschein***

Vorbemerkung: Beim Interpretieren dieses Gedichts war das lyrische Ich für mich zweifelsfrei ein junges Mädchen, bis ich merkte, dass Dorothea Schlegel dies nirgends ausdrücklich sagt. Ich denke aber, mit dieser Festlegung wird das Gedicht viel aussagekräftiger, als wenn man sich einen Jungen zwischen Pflicht und Neigung vorstellt.

Wahrscheinlich hat Dorothea Schlegel, Tochter des aufklärerischen jüdischen Philosophen Moses Mendelssohn, das Eingesperrtsein in der Kindheit, Motiv ihres Gedichtes, selbst nicht erlebt. Gleichwohl fühlt sie sich kongenial in diese Situation ein. Wer das Gedicht auf den Konflikt „Primat der Pflicht vs. heller Sonnenschein draußen" reduziert, nimmt ihm seinen Reiz. Das Motiv ist genauer „Männliches Pflichtprinzip vs. (romantische) Sehnsucht eines jungen Mädchens nach Welt".

Das Gedicht ermöglicht einen Vergleich mit Eichendorffs *Taugenichts*. Dem ist „so recht wohl in dem warmen Sonnenscheine". Zwar schimpft dessen Vater auch über die Pflichtvergessenheit seines Jungen, doch er zieht eine ganz andere, „männliche" Konsequenz: „Ich kann dich hier nicht länger füttern. Der Frühling ist vor der Tür, geh auch einmal hinaus in die Welt und erwirb dir selber dein Brot."

Auch eine Assoziation an Schillers *Glocke* mag sich beim Lesen einstellen, wo die Welt für den Mann, das Haus für die Frau bestimmt ist.

Auf die überkommene Rollenfixierung reagiert Dorothea Schlegel mit einem anrührenden „Protest". Indem Sie den Konflikt zwischen einem alten Mann und einem Mädchen darstellt, macht sie die Identifizierung mit dem Kindweib noch leichter.

> „Pflicht ist des Alten streng Gebot,
> Ach, armes Kind! du kennst sie nicht." (SH, S. 81, Z. 13 f.)

Es bleibt in der Schwebe, ob das Mädchen die Pflicht nicht kennt, weil es noch so jung ist, oder ob sie ihm wesensfremd ist.

Die Welt draußen lockt nicht nur mit so hellem Sonnenschein, sondern auch mit typisch romantischen Signalen:

> „Mit lustigem Trompetenklang
> Ziehet die Reuterschar dort" (Z. 5 f.)

Man fühlt sich noch einmal an Eichendorff erinnert:

> „Es schienen so golden die Sterne
> Am Fenster ich einsam stand
> Und hörte aus weiter Ferne
> Ein Posthorn im stillen Land.
> […]
> Ach, wer da mitreisen könnte
> In der prächtigen Sommernacht!"

Der Vergleich zeigt, dass die romantischen Signale bis zu einem gewissen Grade austauschbar sind. Es ist nämlich nicht so entscheidend, ob das Draußen mit hellem Sonnenschein oder mit prächtiger Sommernacht lockt. Wichtig ist, dass dem Einge-

sperrtsein im Hause für die Pflicht Entgrenzung gegenübergestellt wird, die der Sehnsucht Raum gibt.
Es ist nicht sonderlich überraschend, dass Dorothea Schlegel gegen die Pflicht, gegen die männliche Disziplin Sehnsucht und Verlangen setzt, ungewöhnlich und typisch romantisch ist aber, dass dem unerbittlichen Sein der positiv besetzte Begriff „Schein“ gegenübergestellt wird:

„Dann gönnt man dir zu spät die Frist,
Wenn Klang und Schein vergangen!“ (Z. 19 f.)

Das Gedicht schließt mit dem betränten Gesicht des Mädchens. Es bleibt stimmig, wenn man eine Frau an dessen Stelle setzt. Denn abgesehen von einigen privilegierten Ausnahmen, zu denen Schlegel selbst gehörte, galt – ihr sehr bewusst – auch für die Frauen ihrer Epoche

„‚Erlaubt wird, was dir gebührt,
Tust du erst deine Pflicht!‘“ (Z. 11 f.)

Renate Rasp: ***Suffragetten***

Die Bezeichnung Suffragette geht auf Lat. suffragium und Engl. suffrage = Stimmrecht zurück. Im 19. und frühen 20. Jahrhundert, insbesondere von 1903–1914, kämpften die Suffragetten schwerpunktmäßig in England und den USA für die politische Gleichberechtigung der Frauen. Dass sie in Europa (zuletzt in der Schweiz) und den USA erfolgreich waren, soweit es um das Stimmrecht der Frauen geht, braucht nicht weiter erläutert zu werden. Dass die tatsächliche Gleichberechtigung der Frauen weltweit, aber auch in Europa und den USA, noch nicht erreicht ist, sei nachdrücklich hervorgehoben. Es sind in erster Linie Männer, die den Kampf der Frauenbewegung so langwierig und schwierig gemacht haben. Dass sich Frauen bei ihrem Kampf um Gleichberechtigung auch selbst im Wege standen, das thematisiert Rasps Gedicht in fast epigrammatischer Kürze.
Das Gedicht huldigt den Suffragetten, die „auf dem langen Marsch“ zur Gleichstellung der Frau ein neues und das wichtigste Fenster aufrissen (vgl. SH, S. 82, Z. 1 f.). Die in der dritten Zeile erwähnten Blätter deuten wir als Flugblätter und der volkstümliche Ausdruck „gute Stuben“ (Z. 5) steht für biederes bürgerliches Wohnzimmer. Dort wurde der „Staub von Büchern“ (Z. 6) gewirbelt, das heißt historisches Wissen im Sinne der Frauenbewegung neu rezipiert. Die Sonne der Gedankenfreiheit schien in restaurative Ecken, („die im Dunkeln lagen“, Z. 8). Aus diesen erhebt sich ein „blasser Schatten“ (Z. 9), eine Frau, und schließt das Fenster zur Gleichberechtigung ihres Geschlechts. Den blassen Schatten verstehen wir als vom Mann dominierte ängstlich angepasste Frau.
Es ist nicht selbstverständlich, dass Rasp zu dem Thema „Gleichberechtigung der Frau“ auf Retardationen durch das eigene Geschlecht verweist. Ihre Erkenntnis fordert aber zur Solidarität für all das auf, was Frauen und Männer gemeinsam für eine wirkliche Gleichstellung der Geschlechter noch erkämpfen müssen.

Hertha Kräftner: *Abends*

Unter dem Stichwort „Männer schlagen Frauen“ stellt das Internet reichlich Material zur Verfügung.

Dass die Aktualität dieses Themas leider nicht abgenommen hat und wie man dieser Gewalt konkret begegnen kann, zeigt z. B. das Vorwort der Projektgruppe „Häusliche Gewalt“ in Karlsruhe (Männer schlagen Frauen; 24. 06. 2001):

„An der Realität alltäglicher Gewalt gegen Frauen und Kinder hat sich in den letzten zwanzig Jahren leider kaum etwas geändert. Insbesondere gibt es keinerlei Hinweise, dass diese Gewalt abnimmt. Schätzungen zufolge kommt es in jeder dritten Partnerschaft zu Gewalthandlungen gegen die Frau. [...]

Früher wurde diese Gewalt in ihrem Ausmaß und in ihren Folgen bagatellisiert und als *Privatsache* angesehen. Heute hat sich die Erkenntnis durchgesetzt, dass Gewalt keine Privatsache, sondern ein nicht zu unterschätzendes gesellschaftliches Problem ist. Die konsequente Ächtung jeder Form von Gewalt, der Schutz der Opfer und Prävention sind öffentliche Angelegenheiten.

Notwendig ist hierfür ein aktives und abgestimmtes Handeln der verschiedenen Berufsgruppen und Institutionen. Deshalb arbeiten in Karlsruhe Vertreterinnen und Vertreter der Polizei, Staatsanwaltschaft, der Sozial- und Jugendbehörde, der Frauenobjekte und des Arbeitskreises Täterarbeit in der Projektgruppe ‚Häusliche Gewalt‘ zusammen. Seit Juni 2000 werden in Karlsruhe gewalttätige Männer aus der Wohnung gewiesen, wenn die Frau und ggf. die Kinder gefährdet sind.“

Kräftners Gedicht *Abends* macht es schwierig, das Thema „Gewalt gegen Frauen“ zu verdrängen. Dazu trägt der „gnadenlose“ Realismus der 1. Strophe bei, der das grausame Denken und Handeln des Mannes bei greller Beleuchtung gleichsam im Zoom und dann als Standbild vor Augen holt. Der Hinweis auf den lauten Hund kann so verstanden werden, dass die Kreatur, anders als der schlagende Mann, mitleidet.

Gerade deshalb, weil es in der 2. Strophe heißt: „Sie dachte nicht an Schuld und Schmerz und nicht/an die Verzeihung. Sie dachte keine Klage.“ (SH, S. 82, Z. 5 f.) wird die mit diesem Gedicht erhobene Anklage umso eindringlicher.

Die beiden letzten Verse zeigen, dass das gewalttätige Verhalten des Mannes zur alltäglichen Gewohnheit geworden ist. Ihre Ursache kann die geschlagene Frau nicht begreifen.

Selbstverständlich hat das Schlagen des Mannes objektive Ursachen, womit es nicht entschuldigt werden kann und soll. Das Leid der betroffenen Frau würde aber nicht gemindert, wenn sie diese durchschaute. So ist es folgerichtig, dass das Gedicht mit dem Nichtbegreifen schließt.

Der stauende Rhythmus bannt die ungeheuren Aktionen wie in Zeitlupe, Zeilensprünge akzentuieren einzelne Wörter: „Das Licht/blieb grell“ (Z. 3 f.); „[...] und nicht/an die Verzeihung. [...] Sie fühlte nur den Schlag vom nächsten Tage/voraus.“ (Z. 5–8)

Reime, meistens ein Mittel der Harmonie, unterlegen schrill das Unfassbare.

Karin Kiwus: ***Im ersten Licht***

„[...]ihre oft atemberaubende Spontaneität erfrischt den Leser auch dort, wo ihr Objekt die Abgegriffenheit der Erfahrung darstellt." (Hildesheimer, a.a.O., S. 201)
Bei dem wundervoll rhythmisch ausschwingenden Eingangsbild dieses Gedichtes empfindet man zunächst ein Abheben von trivialer Erfahrung. In einer Synästhesie aus Klang und Farben („in den hellen tönenden frisch gespannten Himmel", SH, S. 83, Z. 6) wird man schwerelos („wenn ich dann über mir in den Lüften/weit und feierlich mich dehne", Z. 7 f.). Bevor das erste Licht die Desillusion bringt, deutet sich der Übergang zur Alltagsschwere in den Formulierungen „ausladender Klangkörper" (Z. 11) und „dich dumpf aufrichtest" (Z. 12) schon an. Der Absturz aus den mächtigen Armen der Toccata in die morgendliche Klarsicht ist dann endgültig erfolgt, wenn von dem „fetten Arsch" (Z. 14) die Rede ist. Das Sprechen von der unübersehbaren Realität ist aber kein Abfall in eine dumpfe Katerstimmung, sondern entschiedener Ausdruck unabweisbarer Erkenntnis.
Die Komposition von *Im ersten Licht* ist meisterhaft: Fünf anaphorische Wenn-Sätze laufen auf den abschließenden Dann-Satz, die Erkenntnis, zu. Diese lange Periode von gedankenloser Trunkenheit zu unverschleierter Klarsicht fließt rhythmisch ohne jeden „Anstoß". Sie enthält fein abgestimmte Antithesen, z. B. die 2. und 3. Strophe oder „in den hellen tönenden frisch gespannten Himmel" (Z. 6) und „deinen trüben verstimmten ausgeleierten Arsch" (Z. 17).
Wie kommt dieses bei aller Deutlichkeit gleichwohl sensible, scheinbar nur private Gedicht in eine Sammlung politischer Lyrik?
Die erfrischende Ehrlichkeit, mit der hier eine Frau über eine Beziehung spricht, in der sie sich vielleicht zeitweilig etwas „vorgemacht" hat (weshalb sonst die doppelte Beteuerung am Schluss?), diese Geradlinigkeit im Verhältnis der Geschlechter scheint einen neuen Umgang anzukündigen, der ohne das gewachsene Selbstbewusstsein der Frau nicht möglich wäre.

Ulla Hahn: ***Nie mehr***

Dies ist eine männliche Interpretation mit Blick auf alle hier unter „Situation der Frau" abgedruckten Texte.
Für einen Mann, der ichstarke, selbstbewusste Frauen schätzt, sind z. B. die Gedichte von Johanne Charlotte Unzer, von Karin Kiwus und von Ursula Krechel eine Freude. Aber ich denke, derselbe Mann wünscht sich auch emanzipierte Frauen, die vor Liebe so inkonsequent sein können, dass sie den Mann, den sie gerade noch zum Teufel gewünscht haben, auf der Stelle ans Herz drücken möchten.
Dieses Hin- und Hergerissensein vor Liebe hat Ulla Hahn trefflich gestaltet. Die Eingangs- und Abschlusszeile von *Nie mehr* mit der genialen Umstellung der Wortfolge umschreiben den magischen Kreis, in dem sich das verliebte lyrische Ich „linksseitig" (SH, S. 84, Z. 7) „bis zu den Nägeln" (Z. 7) quält.

Zu den Torheiten aus Liebe passt die lockere Form des Gedichtes: die gleichen Reime (aaa) in Z. 2 f. der Verzicht auf Reime in der 2., die Umgangssprache in der 3. Strophe.
Die Situation der Frau und damit auch das Verhältnis der Geschlechter ist gesellschaftlich veränderbar und wird dadurch zum Politikum. Man wagt es kaum zu sagen ohne sich den Vorwurf unpolitischen Denkens zuzuziehen: Bei aller gewollten Veränderbarkeit scheint es doch eine Konstante im Verhalten beider Geschlechter zu geben. Liebe ist inkonsequent und beweist sich gerade dadurch.
Auf eine interessante Idee zur Interpretation von *Nie mehr* hat mich Dr. Otmar Käge vom Cornelsen Verlag hingewiesen:
Das lyrische Ich ist streng genommen dem Geschlecht nach nicht festgelegt. Man muss also nicht von der Autorin auf das lyrische Ich schließen. Wenn man diese Beziehung nicht herstellt, ergibt sich für *Nie mehr* die reizvolle Frage, ob das lyrische Ich eher ein weibliches, eher ein männliches oder ein neutrales Verhalten zeigt. Ich würde die Frage so beantworten, dass ebenso ein Mann wie eine Frau die Einstellung zur Liebe wie in diesem Gedicht zeigen kann.

Günter Grass: *Mannomann*
Das Gedicht macht sich lustig über jenen Typ Mann, der sich stets beweisen muss und dadurch am Ende seiner Kräfte angekommen ist (SH, S. 85, Z. 3).
Die 2. Strophe mit der Reihung von Imperativen führt ironisch die Stereotypen auf, die zum Verhaltensrepertoire eines Machos gehören:
- so tun, als sei jedes Problem lösbar (Z. 4)
- Menschen wie willenlose Puppen auf Knopfdruck manipulieren (Z. 5)
- einen unbeugsamen Willen vortäuschen („seine Brüche“, Z. 6)
- mit dem Eigentumstrieb protzen (Z. 7)
- mit der sexuellen Potenz angeben (Z. 8)
- mit Härte beeindrucken wollen (Z. 9)
- Fürsorge beweisen und durch die Demonstration als unecht erscheinen lassen (Z. 10 f.)

Die 3. Strophe hat den Supermann ins Standbild gebracht und führt ihn als eine lächerliche Figur vor:
- Den Anzug verstehen wir als Hinweis darauf, dass er nur eine Konfektionsgröße, also Durchschnitt, ist (Z. 12 f.).
- Odysseus, der oft und ausgiebig weint, hatte schon bewiesen, dass Tränen dem Ruf eines Helden nicht schaden (Z. 14).
- Die gefilmten Träume sind ein Hinweis auf Klischees, statt auf frei schweifende Fantasie (Z. 15).
- Datiert und in Reihe gebracht enthalten Siege nicht die schwierigsten, die über sich selbst (Z. 16).
- Ist der Fortschritt eingeholt und vermessen, enthält er nichts Überraschendes, Originelles mehr (Z. 17).

– Trauer, etwas sehr Intimes, wird durch Darsteller und Spielplan pervertiert (Z. 18).
– Alles, was der Supermann von sich gegeben hat, ist zur Schablone geworden. Auch in seinen Witzen ist keine Persönlichkeit mehr zu erkennen (Z. 19).
– Die durchsichtige Macht schwindet, wenngleich sie noch leistungsstark ist (Z. 20).

In der Schlussstrophe wird der „große Zampano“ aufgefordert seine einstigen Fähigkeiten noch einmal zu beweisen. Indem sie wie auf Kommando abgerufen werden, erscheinen die Stereotypen überzeichnet wie in einem Slapstick.

Die Schlusszeile ist der letzte der zahlreichen Imperative, die an Mannomann gerichtet werden. Weil er so oft den starken Mann gemimt hat, wird von ihm erwartet, dass er ihn immer weiter spielt. Nun soll er seine Abschiedsvorstellung geben. Er selbst hat sich auf ein binäres Verhalten reduziert. Deshalb erscheint er in der letzten Zeile wie ein Stehaufmännchen, das nur noch stehen oder fallen kann.

Der Typus Mannomann ist nicht ausgestorben. Die Frauenbewegung hat aber viel dazu beigetragen, dass immer mehr Männer bereit sind Wesenszüge dieses Eisenhans in sich selbst zu bekämpfen, damit sie sich fallen lassen können.

Hinweis: Günter Grass hat das Gedicht bereits 1977 im *Butt*, S. 682 f. (Steidl Verlag) veröffentlicht. Dort findet sich eine weitere letzte Strophe:

> „Steh oder fall noch ein letztes Mal.
> Du mußt nicht aufräumen, Mann; laß alles liegen.
> Du bist nach deinen Gesetzen verbraucht,
> entlassen aus deiner Geschichte.
> Und nur das Streichelkind in dir
> darf noch ein Weilchen mit Bauklötzen spielen. –
> Was, Mannomann, wird deine Frau dazu sagen?“

Ursula Krechel: *Umsturz*

Das lyrische Ich überträgt den politischen Begriff Umsturz, der eine gelungene Revolution bezeichnen kann, auf die Veränderung der individuellen Lebensführung, vielleicht um damit zu unterstreichen, dass sich mehr als nur eine private Wandlung vollzogen hat.

In den ersten Zeilen ihres Gedichtes stellt Krechel einige Beispiele für die überwundene Anpassung in einem Leben vor, in dem sie die Akkomodation als typisch weiblich im traditionellen Sinne sieht.

Die „alten Schuhe“ (SH, S. 86, Z. 1) verstehen wir als eine Metapher für ausgetretene Wege, die „Fußnoten“ (Z. 2) als Hinweis auf diszipliniert „pingeliges“ Denken, den Kopf am Haken (Z. 3 f.) als Allegorie für mangelnde Freiheit des Denkens, die gefressene Kreide (Z. 5) als Metapher für einschmeichelndes Verhalten, das überwundene Husten mit Schalldämpfer (Z. 7) als Ausdruck übertriebener Rücksichtnahme, die mit Magermilch verwässerte Tinte (Z. 9) als Metapher für kraftloses Schreiben.

Das Vorzeigen der „Flatterflügel“ (Z. 11) zeugt von dem neu gewonnenen Selbstbewusstsein, das niemanden mehr in dem falschen Glauben lassen will, man verhalte sich angepasst.

Die alten Bekannten werden aufgefordert „den leeren Käfig“ (Z. 12), das Symbol für die verlassene Gefangenschaft, ins historische Museum zu stellen, in jene Abteilung, die traditionelle Weiblichkeit vorführt. Mit diesem Akt ist die Rückkehr zur alten Lebensführung bewusst abgeschnitten.
Die lockere, fast lässige Umgangssprache spiegelt den Bruch mit Konventionen, die möglichst schnell vergessen werden sollen, so, wie die „Fußstapfen im Schnee von gestern“ (Z. 5 f.) tauen.

Gedenke derer, / Die einst Gespräche wie Bäume gepflanzt
Umwelt

Wilhelm Müller: *Der Lindenbaum*

Wenn Menschen über ihre Umwelt diskutieren, machen sie deren Bedeutung immer wieder an Bäumen als besonders sinnfälligen Erscheinungen der Natur fest.
Zwei Stimmen seien einleitend zitiert, die verdeutlichen, warum dieses Thema in ein Buch über politische Lyrik aufgenommen wurde:
Der Schweizer Walter Vogt formulierte: „Wir müssen uns wieder getrauen von den Bäumen zu sprechen. Denn die Bäume sind jetzt fast schon wichtiger als das jeweilige Regierungssystem.“ (zit. nach Klute, a. a. O., S. 41)
„Man sagt, ein Mensch, der einen einzigen Baum gepflanzt hat, hätte sein Leben nicht vertan. Schon drei Bäume genügen um ihn mit so viel Sauerstoff zu versorgen, wie er während seines 75-jährigen Lebens zum Atmen benötigt.“ (Archibald Quartier: Der Baum als Spender des Lebens, zit. nach Klute, a. a. O., S. 39)
Liest man die 1. Strophe vom *Lindenbaum*, ein Gedicht, das Müllers Zyklus *Die Winterreise* (1823) entnommen ist, so erscheint das Verhältnis zwischen lyrischem Ich und Natur als ungetrübt und heil. Als Zeugnis für unversehrte Natur, der sich der Mensch „in Freud und Leide“ (SH, S. 88, Z. 7) anvertrauen kann, wird dieses Lied immer wieder in Wunschkonzerten der verschiedenen Rundfunkanstalten bestellt.
Die simplifizierende volkstümliche Komposition des Liedes durch Friedrich Silcher und der andere Erfahrungen verdrängende Eskapismus breiter Volksschichten sind sich in diesem Lied begegnet und haben es zum Symbol heilender Natur werden lassen. Dennoch haben H. A. und E. Frenzel in *Daten deutscher Dichtung*, Bd. I, (a. a. O., S. 283) vom „dämonischen Charakter” des Liedes gesprochen, offensichtlich die Vertonung Schuberts von 1827 in dessen Zyklus *Die Winterreise* zu Grunde legend. Die Schubertianer waren durch den politischen Zündstoff in den Gedichten der Winterreise erschreckt. Ihnen gefiel von den 24 Liedern des Zyklus nur *Der Lindenbaum*. Alois Büchl weist in einer Rezension zu einer ungewöhnlichen Neuaufnahme des Zyklus (u.a. mit Peter Härtling als Sprecher, vgl. Literaturverzeichnis) darauf hin, dass Franz von Schober, der das Lied wegen seiner schönen Melodie schätzte, auch dessen dämonischen Gehalt nicht erkannte:

„Erkennen konnte er offenbar nicht – sonst wäre seine Entscheidung nicht so günstig ausgefallen –, dass es in diesem Lied so unmittelbar um Leben oder Tod geht wie nirgendwo sonst im Zyklus. Der Wanderer steht vor der alles entscheidenden Wahl am Lindenbaum, dem mütterlichen Symbol, in dessen Schutz er die süßen Träume der Jugend hatte, der ihn aber nun unmissverständlich in die ewige Ruhe hinüberführen will, sein irdisches Dasein mit Hilfe eines Stricks zu beenden [...].“
Aber auch in dem Gedicht von 1823 bleibt die Idylle nicht ohne distanzierende Signale. In der 4. Strophe versprechen die Zweige dem Gesellen Ruhe, aber der Konjunktiv in Z. 14 darf nicht übersehen werden. Die 5. Strophe spricht metaphorisch von Lebenserfahrungen, die das Gegenteil von Idylle sind.
Die süßen Träume der ersten Strophe wirken in dem lyrischen Ich nach, aber zwischen Traum und Wirklichkeit steht am Ende des Gedichtes wieder der Konjunktiv: „Du fändest Ruhe dort!“ (Z. 24)
Man muss kein Romantiker sein um Bäume mit Ruhe in Verbindung zu bringen: „Befragt über sein Verhältnis zur Natur, sagte Herr K.: ‚Ich würde gern mitunter aus dem Haus tretend ein paar Bäume sehen. Besonders da sie durch ihr der Tages- und Jahreszeit entsprechendes Andersaussehen einen so besonderen Grad von Realität erreichen. Auch verwirrt es uns in den Städten mit der Zeit, immer nur Gebrauchsgegenstände zu sehen, Häuser und Bahnen, die unbewohnt leer, unbenutzt sinnlos wären. Unsere eigentümliche Gesellschaftsordnung läßt uns ja auch die Menschen zu solchen Gebrauchsgegenständen zählen, und da haben die Bäume wenigstens für mich, der ich kein Schreiner bin, etwas beruhigend Selbständiges, von mir Absehendes, und ich hoffe sogar, sie haben selbst für Schreiner einiges an sich, was nicht verwertet werden kann.“ (Brecht: Befragt über sein Verhältnis [...], a. a. O., S. 381 f.)

Bertolt Brecht: ***Schlechte Zeit für Lyrik***

„Der verkrüppelte Baum im Hof
Zeigt auf den schlechten Boden [...]“ (SH, S. 89, Z. 4 f.)

Würde Brecht mit heutigem Umweltbewusstsein dieses Gedicht schreiben, wäre für ihn wohl nicht so klar, dass nur das zweite ihn zum Schreibtisch drängen würde, nämlich „das Entsetzen über die Reden des Anstreichers“ (Z. 19). Wahrscheinlich würden ihn der schlechte Boden und der blühende Apfelbaum auch beunruhigen, wüsste er doch heute, dass die Blüte keine Garantie dafür wäre, dass die Verseuchung des Bodens nicht schon in die Wurzeln des blühenden Baumes eingedrungen ist.
Mit der Überschrift *Schlechte Zeit für Lyrik* meinte Brecht jene unpolitische (Natur)lyrik, die dazu verführt, entsetzliche (gegenwärtige) Politik zu verdrängen; nicht politische Lyrik. Denn die hat er ja mit diesem Gedicht über die Reden Hitlers geschrieben. Außerdem wusste er wohl, dass politische Lyrik selten Konjunktur hat. Die ersten drei Zeilen seines Gedichtes können das erklären.
Warum Brecht der politische Lyriker schlechthin ist, zeigt dieses Gedicht in mehrfacher Hinsicht:

Der verkrüppelte Baum ist für ihn kein Anlass wegzusehen oder irgendetwas zu beschönigen. Die Vorübergehenden schimpfen ihn mit Recht einen Krüppel. Er ist aber Anlass zu Ursachenforschung; denn er „zeigt auf den schlechten Boden" (Z. 5). Ungeachtet seiner Formulierung „Die grünen Boote und die lustigen Segel des Sundes/Sehe ich nicht" (Z. 8 f.) ist er geschickt genug die schönen Dinge des Lebens nicht zu verschweigen, aber er bringt die sozialen Probleme zu Bewusstsein, die oft hart daneben angesiedelt sind: „Von allem/Sehe ich nur der Fischer rissiges Garnnetz./Warum rede ich nur davon/Daß die vierzigjährige Häuslerin gekrümmt geht?" (Z. 9–12)
Brecht stellt nicht nur seine politische Botschaft, sondern auch die Form zur Diskussion, in der er jene überbringt: „In meinem Lied ein Reim/Käme mir fast vor wie Übermut." (Z. 15 f.)
Seine wichtigste Mitteilung, nämlich „das Entsetzen über die Reden des Anstreichers" (Z. 19) stellt er erst zur Diskussion, nachdem er dafür durch die Skizzierung seiner Position einen Hintergrund geschaffen hat.

Sennur Sezer: ***Lied des Ölbaums***
Brecht faszinierten Bäume gerade deswegen, weil er von ihnen als Gebrauchsgegenständen abgesehen hat:
„Auch verwirrt es uns in den Städten mit der Zeit, immer nur Gebrauchsgegenstände zu sehen, Häuser und Bahnen, die unbewohnt leer, unbenutzt sinnlos wären. Unsere eigentümliche Gesellschaftsordnung läßt uns ja auch die Menschen zu solchen Gebrauchsgegenständen zählen, und da haben Bäume wenigstens für mich, der ich kein Schreiner bin, etwas beruhigend Selbständiges, von mir Absehendes, und ich hoffe sogar, sie haben selbst für die Schreiner einiges an sich, was nicht verwertet werden kann." (Brecht: Befragt über sein Verhältnis […], a. a. O., S. 382)
Anders als Brecht interessiert sich Sezer hier für den Gebrauchswert eines Baumes, des Ölbaums, den sie so hoch veranschlagt, dass man meinen könnte, dieser Baum habe keinen Tauschwert.
Mit dem Beispiel eines sehr unscheinbaren Baumes gelingt es der Dichterin, den Ehrfurcht gebietenden Wert der Natur für den Menschen herauszuarbeiten.
Das Schiefe und Krumme des Ölbaums wird zum Gleichnis für Überlebenskunst. Obwohl Felsen entsprossen, ist er fruchtbar und stirbt nicht.
Trotz seiner Schwerfälligkeit vergleicht Sezer ihn mit einer Frau. Diesen von Schönheit völlig absehenden Vergleich dürfte ein Mann wohl kaum wählen. Die Dichterin adelt mit diesem Vergleich aber nicht nur den Baum, sondern auch die Frau mit ihrer Durchsetzungsfähigkeit, Überlebensfähigkeit und Fruchtbarkeit.
In der 2. Strophe wird ein besonderer politischer Aspekt des Gedichtes offenbar. Die Türkin Sezer kennt eine lange Tradition der Ausbeutung des Menschen und ohne dass das Tertium Comparationis direkt genannt wird, wird der Vergleich zum Menschen nahe gelegt: „Durch Schlagen erntet man seine Frucht/Bis auf den Kern wird er verarbeitet" (SH, S. 90, Z. 10 f.).

Mit Verweis auf die Heiligen Schriften werden in der 3. Strophe noch einmal der Gebrauchswert, die Verjüngungsfähigkeit und die Unsterblichkeit des Ölbaums herausgestellt.
Auch in dieser Strophe gewinnen beide Seiten durch den Vergleich an Wertschätzung, sowohl der Ölbaum als auch der Arbeiter.
In der 4. Strophe hat man den Eindruck, dass der Baum immer mehr vermenschlicht wird, besonders, weil von dem „Recht seines Kerns“ (Z. 25) die Rede ist und weil es in der Schlusszeile feierlich beschwörend heißt: „Das Recht wird nicht mit Füßen getreten werden.“ (Z. 26)
Ganz sicher handelt das *Lied des Ölbaums* von dem Recht ausgepresster Natur selbst, die um ihr Überleben kämpfen muss. Die Vergleiche mit dem Menschen, der Frau und dem Arbeiter, legen aber nahe, dass der unscheinbare, ausgenutzte, durchsetzungsfähige Baum zum Symbol und zum Hoffnungsträger für alle Benachteiligten wird: „Für sein ungestümes Recht, das den Felsen durchdringt“ (Z. 23).

Peter Huchel: *Der Garten des Theophrast*
Jeder sensible Leser/jede sensible Leserin spürt, dass er/sie in diesem Gedicht großer Kunst begegnet, wenngleich er/sie bei der ersten Lektüre den hermetischen Sinn kaum wird entschlüsseln können. So ging es auch dem Verfasser dieser Interpretation, der sich bei der Deutung des verborgenen Sinns weitgehend Peter Hutchinson (a. a. O., S. 56 a ff.) verpflichtet weiß.
Ich stelle zunächst ohne direkten Bezug auf die Formulierungen des Gedichts einige Fakten voran, die sein Verständnis erleichtern:
Der Garten des Theophrast erschien 1962 in dem letzten Heft der Zeitschrift „Sinn und Form“. Diese bedeutende Literatur-Zeitschrift der DDR galt als Brücke zwischen Ost und West. Huchel als ihr Herausgeber stand bei der Veröffentlichung des Gedichtes kurz vor seinem erzwungenen Rücktritt, weil er „ideologischer Koexistenz“ beschuldigt worden war.
Das Gedicht ist ausdrücklich seinem Sohn gewidmet und hebt dadurch die Bedeutung für diesen und für die Nachwelt hervor.
Der 4. Vers von Huchels Gedicht ist eine Anspielung auf Brechts *An die Nachgeborenen*:

> „Was sind das für Zeiten, wo
> Ein Gespräch über Bäume fast ein
> Verbrechen ist
> Weil es ein Schweigen über so viele
> Untaten einschließt!“ (Brecht: An die Nachgeborenen, a. a. O., S. 722 ff.)

Nach Hutchinson (a. a. O., S. 326) „kehrt Huchel offen Brechts Werteskala um. Wo dieser ‚Gespräche über Bäume‘ (d. h. über das Schöne und somit Irrelevante) verdammt, scheint Huchel auf seine Aufmerksamkeit für solche Gegenstände stolz zu sein. […] Während sich Huchel aus einem Gefühl des Stolzes und Märtyrertums heraus zubilligt an die Erinnerung seines Sohnes zu appellieren, ist Brecht von Scham erfüllt, weil sein Werk der historischen Situation nicht angemessen ist."

Hinter der Figur des antiken Botanikers Theophrast verbirgt sich der Dichter Huchel, der den traditionsreichen poetischen Weg des Sprechens hinter einer Maske wählt um zur Vermeidung von Repressalien seine Intentionen nicht offen darlegen zu müssen. Jedoch gibt es nur einige Analogien zwischen Theophrast und Huchel, andere Aspekte beziehen sich auf die Situation des Dichters selbst.

Es scheint jetzt möglich, den Sinn des Gedichtes Vers für Vers zu erschließen:

Die Urnen sind eine Metapher für die Asche verstorbener Dichter. Deren Verse haben ihre Schöpfer als bewegliches weißes Feuer überlebt. Ihrer zu gedenken fordert Huchel seinen Sohn und selbstverständlich auch die LeserInnen des Gedichtes auf. Insbesondere soll derer gedacht werden, die einst Gespräche wie Bäume gepflanzt haben. Für Huchel haben Gespräche als Lebenselixier einen besonders hohen Rang. Das geht aus dem Vergleich mit Bäumen als Lebensspendern hervor. Aus seinem Werk und seiner Vita weiß man, dass Huchel mit Gesprächen eher solche über Literatur, Kunst und Philosophie als politische Dialoge im engeren Sinne gemeint hat. (Diese Immunität gegenüber politischer Einvernahme war es nämlich insbesondere, die Huchel den Vorwurf „ideologischer Koexistenz" eingetragen hat.) Was ist der Garten in diesem allegorischen Gedicht? Wahrscheinlich hat Huchel damit die DDR gemeint, deren Funktionäre dabei waren, ihm den Sinn seines persönlichen Lebens zu rauben, ihm die Luft der Freiheit abzuschnüren; deshalb die Formulierung „mein Atem wird schwerer" (SH, S. 91, Z. 5).

Die Zeit konstruktiver heilender Tätigkeit ist es wert, bewahrt zu werden. („Bewahre die Stunde", Z. 6)

Über die Bedeutung der folgenden zwei Verse kann man mit Hutchinson nur spekulieren: „So ist z. B. die Eiche ein Symbol der Stärke und des Alters (besonders in der deutschen Tradition), spielt dann also ‚mit Eichenlohe zu düngen den Boden' darauf an, dass Huchel den DDR-Bürgern Anregung bot, indem er Klassiker des Auslands in neuen Übersetzungen von hoher Qualität publizierte? Ähnlich könnte man den folgenden Vers interpretieren: ‚Die wunde Rinde zu binden mit Bast' beschreibt die heilende Tätigkeit des Gärtners; nimmt Huchel hier Bezug auf seine schwierige Aufgabe als Hüter der bedrohten und beschädigten Kultur im östlichen Teil Deutschlands?" (Hutchinson, a. a. O., S. 331)

Es liegt nahe, unter dem spaltenden Ölbaum die durchsetzungsfähige und ertragreiche Zeitschrift „Sinn und Form" zu verstehen, unter dem „mürben Gemäuer" (Z. 9) die marode ideologische Einmauerung der DDR, die Huchels Zeitschrift im Dialog mit dem Westen Deutschlands durchdrang. „Und ist noch Stimme im heißen Staub." (Z. 10): Noch meldet sich „Sinn und Form" zu Wort.

„Sie gaben Befehl die Wurzel zu roden" (Z. 11). Es macht Sinn, hinter dem „Sie" die Kulturfunktionäre zu sehen, die Huchel abservieren wollten; und die Wurzel der Zeitschrift „Sinn und Form", die unter anderer Herausgeberschaft weiter existierte,

ist Huchel selbst. Geht der Gärtner, so muss für dessen jetzt schutzlose Arbeit („schutzloses Laub“, Z. 12) das Licht sinken.
Eine Konterbande wie dieses Gedicht, das erst sehr spät dechiffriert werden konnte, ist ein Politikum ersten Ranges, weil es das Stahlnetz des Systems vorführt, durch das es geschmuggelt werden musste.
Die vorliegende Interpretation führte zu einer klaren Aussage von Huchels Gedicht, indem sie den Allegorien eindeutige Entschlüsselungen zuwies. Damit soll nicht der Eindruck erweckt werden, als seien andere Interpretationen nicht möglich. Freilich wird es mit einem anderen Interpretationsverfahren sehr schwierig, das Gedicht als politische Botschaft zu verstehen.

Sarah Kirsch: *Bäume*
Das Motiv dieses Gedichtes ist der Verlust von Ganzheitlichkeit und Schönheit. Sarah Kirsch klagt nicht wie Margarete Hannsmann (vgl. Interpretation, LH, S. 63 f.) an. Das Gedicht wirkt, indem es ein paradiesisches Bild heiler Natur entwirft, die märchenhaft anmutet. Um diese Assoziationen zu erzeugen setzt es die Logik der Zoologie außer Kraft und berichtet, dass die Vögel Libellen genannt und wieder als „kleine/huhnähnliche Wesen“ (SH, S. 91, Z. 3 f.) bezeichnet wurden, die dennoch zu singen vermochten.
Durch die Verlagerung der heilen Welt in eine unbestimmte Vergangenheit erscheint die Gegenwart als leer. Statt an ganze Wälder denkt man nur noch an gefährdete einzelne Bäume, in denen kein Platz mehr für die liebenswürdigen Wesen des Gedichtes ist.
Fantastische utopische Lyrik, so lehrt dieses Gedicht, kann dadurch politisch wirken, dass sie durch Bilder unzerstörter Natur Bewusstsein für den Schutz der Umwelt weckt.

Margarete Hannsmann: *Könnt ihr noch Wetterbuchen liefern?*
Naturerhaltung vs. rücksichtslose Expansion des Kapitals. Das ist das Thema dieses Gedichts.
In beinahe biblischem Ton („Aber es werden Menschen kommen“, SH, S. 92, Z. 1) prophezeit die Autorin, dass in einer nicht genau definierten Zukunft Menschen die Zyklen des Kapitals („das zeitauf zeitab der Fabriken“, Z. 2 f.) gleichgültig sein werden. Dass sie nicht auf Märkten einkaufen wollen, zielt wohl nicht auf die gewünschte generelle Abschaffung von Kaufen und Verkaufen, sondern auf kommunikationsfeindliche Supermärkte.
Die Frage „nach dem Millionen Jahre alten Wind“ (Z. 6 f.) steht metaphorisch für ebenso alte Naturgesetze. Den Menschen der Zukunft wird wichtig sein, dass überhaupt noch Vögel, Fische, einzelne Tier- und Pflanzenarten vorhanden sind.
Die Beispiele für Bewahrung der Natur werden durch solche interferiert, die deren Zerstörung zeigen. Zwischen summarischen Bildern, welche auf die verheerende Wirkung von Umweltzerstörung abheben sollen (zerstückelte Wälder, von Müll

überquellende Täler), stehen Fragen, die symbolische Funktion haben (z. B. die nach den Wetterbuchen) oder die Ursache der Naturvernichtung benennen („Seitentäler ohne Gewinn?“, Z. 21).
Unter den Beispielen für die Depravation der Natur und für expandierenden Kapitalismus wünschte man sich mehr Zeilen, die so zwingend sind wie „Nicht genug Skilifte ohne Schnee“ (Z. 25). Eine Begrenzung der Ausdehnung des Kapitals auf Kosten der Natur lässt sich doch am besten erreichen, wenn man nachweist, dass Kapitalinvestitionen, die Natur zerstören, sich nicht einmal rentieren.
Am Schluss will Hannsmann mitteilen, dass der gute Wille zur Erhaltung der Natur allein nicht ausreicht, denn sie lebt in einem fragilen Gleichgewicht, das zu erhalten viel Sachverstand erfordert: „wenn ihr die Schafe aussterben lasst/stirbt der Wacholder ...“ (Z. 29 f.).
Wenn es um das Spenden von Leben und die Erhaltung von Natur geht, werden immer wieder – wie in diesem Gedicht – Bäume als Leitmotiv zitiert. Es ist Hannsmanns Verdienst, mit ihrem 1973 erschienenen Gedicht schon früh grundsätzliche Fragen des Umweltschutzes angesprochen zu haben. Es wurde deshalb, nicht wegen besonderer ästhetischer und inhaltlicher Qualität, in diese Sammlung aufgenommen. *Könnt ihr noch Wetterbuchen liefern* ist aufschlussreich, weil es Anlass gibt über den Typus des *moralisierenden* politischen Gedichts nachzudenken.
Bei dieser Spezies politischer Lyrik spielen Emotionen eine große Rolle; die teilweise Konkretion und Präzision ersetzen. In unserem Gedicht werden z. B. durch die vage Adressatenangabe „ihr“ die Verantwortlichen für die Beispiele der Umweltzerstörung nicht genau benannt. Wenn man sich mit den Wirkungen des Kapitals auseinander setzen will, gilt es „in die lungen der macht zu blasen/den feinen tödlichen staub“(Enzensberger: *ins lesebuch für die oberstufe*). Allgemeine Fragen wie: „habt ihr noch immer nicht genug/Einkaufszentren in die Wiesen gestreut?“ (Z. 22 f.) oder Zitate, wie „Nachschubstraßen für Brot und Spiele“ (Z. 26) nützen wenig. Dass es der Autorin an Präzision bei der Verfolgung ihrer Intention fehlt, wird daran deutlich, dass am Schluss nicht mehr von der Polarisierung „Gewinnmaximierung vs. Natur“ die Rede ist, sondern von einem immanenten Problem des Umweltschutzes.

Ich hatte einst ein schönes Vaterland
Deutschland

Heinrich Heine: *Nachtgedanken*

Nach den Karlsbader Beschlüssen wurde 1819 in Deutschland die obrigkeitsstaatliche Ordnung wiederhergestellt. Wegen des bedrückenden politischen Klimas in seinem Vaterland übersiedelte Heine 1831 als Korrespondent der „Augsburger Allgemeinen Zeitung“ nach Paris.

Er fühlte sich dort wohl, aber er konnte – „das Vaterland an den Schuhsohlen" (Heine) – die Sorgen um die politischen und sozialen Zustände in Deutschland nie abschütteln. Darauf heben die beiden ersten Verse von *Nachtgedanken* ab:

„Denk ich an Deutschland in der Nacht,
Dann bin ich um den Schlaf gebracht." (SH, S. 94, Z. 1 f.)

Weil er keine Hoffnung hat, dass sich die politischen Zustände in Deutschland verändern, sind es Menschen, die Heine mit dem Vaterland verbinden, insbesondere die Mutter:

„Nach Deutschland lechzt ich nicht so sehr,
Wenn nicht die Mutter dorten wär;
Das Vaterland wird nie verderben,
Jedoch die alte Frau kann sterben." (Z. 25–28)

In der 8. Strophe spricht er pathetisch von anderen geliebten Menschen, die im Vaterland verstarben:

„Die ich geliebt – wenn ich sie zähle,
So will verbluten meine Seele." (Z. 31 f.)

Ungeachtet der reaktionären politischen Verhältnisse macht sich Heine um den Bestand des Vaterlandes keine Sorgen:

„Deutschland hat ewigen Bestand,
Es ist ein kerngesundes Land,
Mit seinen Eichen, seinen Linden
Werd ich es immer wiederfinden." (Z. 21–24)

Mit der romantischen Ironie, die Heine so liebte, werden am Ende des Gedichtes „die deutschen Sorgen" (Z. 40) durch die Frau des Dichters weggelächelt.

Nach politischen Reflexionen sucht man vergeblich. So gesehen sind die *Nachtgedanken* kein politisches Gedicht. Wörtlich genommen handelt es sich auch nicht um ein Vaterlandsgedicht; denn der Dichter spricht von dem Land der Mutter. Gleichwohl eignen sich die *Nachtgedanken* um eine grundsätzliche Erkenntnis über Vaterlandsgedichte zu gewinnen: Das Motiv „Vaterland" wird nicht nur mit politischen Idealvorstellungen oder kritischen Reflexionen ausgefüllt, oft werden ganz persönliche Gefühle unter dem Begriff dargestellt. Da diese nicht immer wie bei Heine durch romantische Ironie aufgefangen werden, entzünden sich besonders an Vaterlandsgedichten Emotionen.

Die anrührende Wirkung der *Nachtgedanken* ist ohne deren Form nicht erklärbar. Es sind die zwanglos sich fügenden Paarreime, die alternierenden je zwei männlichen und je zwei weiblichen Versausgänge, die geschmeidigen Jamben und die teils schlichten, teils pathetischen Bilder, die den Schmelz dieses Gedichtes ausmachen.

Hoffmann von Fallersleben: *Das Lied der Deutschen*

August Heinrich Hoffmann von Fallersleben schrieb das *Lied der Deutschen* 1841 im Exil auf Helgoland als Einheitslied um die Einigung der deutschen Kleinstaaten voranzutreiben. Die Musik stammt von Josef Haydn (1732–1809), aus dem 2. Satz seines *Kaiserquartetts*, op. 76, Nr. 3 (1797). 1922 wurde *Das Lied der Deutschen* auf Vorschlag von Friedrich Ebert (SPD) zur deutschen Nationalhymne erklärt. In der Weimarer Republik wurde nur die erste Strophe gesungen. Nach dem 2. Weltkrieg diskutierte man wegen des imperialistischen Anspruchs auf territoriale Ausdehnung leidenschaftlich, ob der Text sich noch als Nationalhymne eigne.

„Nachdem Konrad Adenauer erstmals die 3. Strophe des Deutschlandliedes 1950 anstimmte, wurde die Diskussion beendet, obwohl man weiterhin Angst hatte die Deutschen könnten die ersten Strophen singen." (Homepage von Hannes Vierke, www. Das Lied der Deutschen, 1999)

Es gibt kaum ein Gedicht, dessen Text so sehr dem jeweiligen Zeitgeist unterworfen ist: „Wegen seiner leichten Verfügbarkeit konnte *Das Lied der Deutschen!* von der Weimarer Republik über das Dritte Reich bis zur Bundesrepublik immer wieder aufs Neue für patriotische Zwecke verwendet und in den Dienst auch gegensätzlicher politisch-ideologischer Wirklichkeitszusammenhänge gestellt werden, wobei das semantische Material vom jeweiligen Kontext mit neuen Bedeutungen aufgeladen wurde." (Hinderer, a. a. O., S. 106)

Im Folgenden sollen die unterschiedlichen Rezeptionsmöglichkeiten des Gedichtes an drei Beispielen gezeigt werden:

a) Zunächst wird skizziert, was Hoffmann von Fallersleben 1841 mit dem Gedicht intendierte:

An die Stelle der Kleinstaaten sollte ein nationaler deutscher Einheitsstaat treten. Dieses gegen die partikularistischen Interessen schwer zu verwirklichende Ziel setzte der Dichter „über alles,/Über alles in der Welt" (SH, S. 95, Z. 1 f.).

Die ersten beiden Verse der 2. Strophe stellen das vor, was Hoffmann von Fallersleben damals für „deutsche Leitkultur" hielt.

Der neu zu schaffende Nationalstaat soll von allen brüderlich erstrebt werden. Bedingungen für ein glückliches Leben in diesem deutschen Vaterland sind „Einigkeit und Recht und Freiheit" (Z. 17). Mit Glück ist materieller Wohlstand gemeint. Dieser soll durch Einigkeit gesichert werden, ein Begriff, der sowohl Zusammenhalt als auch die Einheit eines Staatsgebietes meint, in dem die Zölle entfallen. Mit dem Recht ist dreierlei gemeint, nämlich der Einfluss der Bürger auf den Staatshaushalt, öffentliche Gerichtsbarkeit und Pressefreiheit. Schließlich bezeichnet Freiheit nicht nur geistige Unabhängigkeit, sondern auch die Ausdehnung der kapitalistischen Wirtschaftsform. (Vgl. deutsch betrifft uns. 5/87, S. 6)

b) Zur Zeit des Nationalsozialismus wurde das *Deutschlandlied* ganz anders interpretiert:

Mit der ersten Strophe sollten die imperialistischen Eroberungskriege durch einen Eliteanspruch gerechtfertigt werden. Dahinter stand eine Ideologie, wie sie z. B. durch Hans Grimms Roman *Volk ohne Raum* (1926) vorbereitet wurde.

Auch die 3. Strophe wurde im Sinne der Expansionspolitik verstanden. Einigkeit hieß nämlich Annexion ehemaliger Gebiete. Nach der Demütigung durch den Ver-

sailler Vertrag galt das Recht des Stärkeren als Recht und unter Freiheit wurde Autarkie gegenüber anderen Staaten verstanden.
c) Nach 1945 ist es wegen der ideologischen Belastung durch den Nationalsozialismus verpönt, die 1. Strophe des *Deutschlandliedes* zu singen, während die Werte der 2. Strophe – sieht man von dem reaktionären Denken der Neonazis ab – insbesondere den deutschen Nachkriegsgenerationen als altfränkisch und überholt erscheinen, sodass der BRD und nun dem wieder vereinigten Deutschland nur die 3. Strophe als Nationalhymne gilt.

Johannes R. Becher: ***Nationalhymne der Deutschen Demokratischen Republik***
Wilhelm Pieck berief am 7. Oktober 1949 in Ost-Berlin den Volksrat, der sich zur Provisorischen Volkskammer der DDR erklärte. Diese beauftragte Otto Grotewohl mit der Regierungsbildung. Mit der Wahl von Wilhelm Pieck zum ersten Präsidenten der DDR wurde die Deutsche Demokratische Republik gegründet.
Auf Veranlassung des Zentralkomitees der SED wurden schon ein Monat später Bechers Text *Auferstanden aus Ruinen* in der Vertonung von Hanns Eisler (1898–1962) zur Nationalhymne des neuen Staates erklärt.
Das offizielle Erscheinungsdatum der Nationalhymne der DDR ist also 1949. Den Text hatte Becher jedoch schon im Moskauer Exil (1933–1945) gedanklich durchgespielt.
Nach einem Internet-Kommentar zu der Nationalhymne der DDR (Stefan Brix, www.brix.de, 6. 12. 99) soll Hermann Kurzke unter der Überschrift „Erst heute stimmt jedes Wort" formuliert haben: „Genau genommen steht in diesem 1949 zur Nationalhymne der DDR erklärten Text nichts von Sozialismus." […]
„Wörtlich" statt „genau genommen" wäre dem Text des Kommentars angemessen. Inhaltlich wird nämlich an mehreren Stellen die sozialistische Tradition erkennbar, z. B. die Hinweise auf die Zukunft (SH, S. 96, Z. 2, 20, 25 ff.), die Solidarität (Z. 6, Z. 14), den Frieden (Z. 10, 12, 16 ff.), die Völkerverständigung (Z. 13), das Klassendenken (Z. 15), die Jugend (Z. 23), den Arbeiter- und Bauernstaat (Z. 19).
Es handelt sich wie gesagt um Hinweise, keineswegs um eine aufdringliche Betonung sozialistischen Denkens. Dies und die Tatsache, dass der Text der Nationalhymne der DDR im Versmaß mit dem *Lied der Deutschen*, also der heutigen deutschen Nationalhymne, erstaunlich übereinstimmt, führte zu einem Vorschlag, den heute bestimmt nicht nur Brix positiv bewertet:
„Tatsächlich regte auch Lothar de Maisière an, diesen Text zur Melodie von Haydn als Nationalhymne für das wieder vereinigte Deutschland zu verwenden. Damit wäre man den heute zweifelhaft klingenden Text von Hoffmann von Fallerleben losgeworden und hätte ein Stück positiver Erinnerung an die DDR bewahrt, denn schließlich war die Zeile ‚Deutschland, einig Vaterland' wesentliche Aussage während der ‚Vereinigungsdemonstrationen'. Außerdem wurde der Text der Hymne in der DDR [seit Anfang der siebziger Jahre bis zu einem Beschluss der Volkskammer vom 3. Januar 1990, E. M.] kaum gesungen, da er eben diese Zeile enthielt. […] Wie bekannt,

wurde die Deutsche Nationalhymne aber trotz solcher Argumente und Bemühungen nicht geändert." (Brix, a. a. O.)
Hätte sich der Vorschlag de Maisières durchgesetzt, hätte der Text auch mit dem Wort „vereint" in der 1. und 3. Strophe und mit der Wendung „wenn wir brüderlich uns einen" (Z. 14) keinen Anstoß erregen können, obwohl es sich nach Hermann Kurzke, zitiert nach Brix, um „eine Einheits-, nicht um eine Wiedervereinigungshymne" handelt, die sich „auf die gemeinsame Arbeit und den Abbau sozialer Zwistigkeiten, nicht auf die nationale Teilung" bezieht.

Bertolt Brecht: *Kinderhymne*
Dem Titel entsprechend befindet sich die Kinderhymne unter Brechts *Kinderliedern*.
Das Lied ist eindeutig in didaktischer Absicht geschrieben und selbstverständlich nicht nur an Kinder adressiert. Das wird schon aus dem ersten Wort „Anmut" ersichtlich, ein Begriff, den die weitaus meisten Kinder nicht kennen.
In der *Kinderhymne* stecken mehrere Anspielungen auf *Das Lied der Deutschen* von Hoffmann von Fallersleben:
„Daß ein gutes Deutschland blühe" (SH, S. 97, Z. 3) bezieht sich auf die letzten beiden Verse des Gedichtes von Hoffmann von Fallersleben: „Blüh im Glanze dieses Glückes,/Blühe, deutsches Vaterland!" (SH, S. 95, Z. 23 f.)
„Wie ein andres gutes Land" (S. 97, Z. 4) nimmt den als imperialistisch und hybrid verstandenen Anspruch der ersten beiden Verse des Deutschlandliedes zurück: „Deutschland, Deutschland über alles,/Über alles in der Welt!" (S. 95, Z. 1 f.)
Ebenfalls in der Absicht, die als territoriale Eroberungsansprüche verstandenen Verse des Deutschlandliedes „Von der Maas bis an die Memel,/Von der Etsch bis an den Belt –" (S. 95, Z. 5 f.) zu korrigieren, wurde die zweite Strophe der *Kinderhymne* formuliert: „Daß die Völker nicht erbleichen/Wie vor einer Räuberin" (S. 97, Z. 5 f.).
Auch die 3. Strophe der *Kinderhymne* enthält zwei Abgrenzungen gegenüber dem *Lied der Deutschen*: „Und nicht über und nicht unter/Andern Völkern wolln wir sein" (S. 97, Z. 9 f.) bezieht sich auf den 1. Vers des *Deutschlandliedes*. „Von der See bis zu den Alpen/Von der Oder bis zum Rhein" (S. 97, Z. 11 f.) revidiert den imperialistischen Anspruch der Verse „Von der Maas bis an die Memel,/Von der Etsch bis an den Belt –" (S. 95, Z. 5 f.).
Aufschlussreich ist die Logik in Z. 13 f. der *Kinderhymne*: „Und weil wir dies Land verbessern/Lieben und beschirmen wir's". Brecht grenzt sich damit von dem umgekehrten Gedanken „weil wir dieses Land lieben; verbessern wir's" ab. Das verstehen wir als Absage an die deutsche Tradition, soweit sie militaristisch und imperialistisch war, und auch als Abgrenzung von der in der 2. und 3. Strophe des *Deutschlandliedes* beschriebenen Tradition.
Mit den beiden letzten Versen der *Kinderhymne* kommt Brecht noch einmal auf den Anfang des *Deutschlandliedes* zurück: „Und das liebste mag's uns scheinen/So wie andern Völkern ihrs." (S. 97, Z. 15 f.) So wie andere Völker auch darf das deutsche

Volk sein Land besonders lieben. Mit Brechts Formulierung sind die fatalen Assoziationen ausgeräumt, die sich mit der 1. Strophe des *Deutschlandliedes* einstellen.
Wie Becher hat auch Brecht das Versmaß des Liedes der Deutschen „perfekt" übernommen und ermöglicht damit seine *Kinderhymne* zu der Musik aus Haydns *Kaiserquartett* (vgl. die Interpretation des *Liedes der Deutschen*, LH, S. 65 ff.) zu singen. Das heißt: Die musikalische Tradition wird übernommen, die inhaltliche wird grundsätzlich in Frage gestellt.
Anders als im *Deutschlandlied* und anders als in der *Nationalhymne der Deutschen Demokratischen Republik* hat Brecht auf den Begriff Vaterland verzichtet und ihn durch „Deutschland" ersetzt, das übrigens nur in Z. 3 erwähnt wird.
Das Streben im *Lied der Deutschen* soll „brüderlich mit Herz und Hand" (S. 95, Z. 20) geschehen. Es ist emotional betont. Das ist auch in der *Kinderhymne* der Fall, wenn Brecht von „Leidenschaft" (S. 97, Z. 2) spricht. Aber der Appell an die Gefühle wird dort zweifach austariert, zum einen durch „Anmut" (S. 97, Z. 1), die nur hervorgebracht werden kann, wenn alle Extreme vermieden werden, und zum anderen durch „Verstand" (S. 97, Z. 2), ein Begriff, der gleichfalls auf Maß und Würde abzielt.
Auch in der *Nationalhymne der Deutschen Demokratischen Republik* finden sich Appelle an Emotionen, z. B. in den letzten beiden Versen der 1. und 3. Strophe oder in den drei letzten Versen der 2. Strophe. Am meisten werden diese in Brechts *Kinderhymne* zurückgenommen. Dafür steht der Vers „Und das liebste *mag's* uns scheinen" (Z. 15) exemplarisch, der den Superlativ „das liebste" als Möglichkeit, aber nicht als Verpflichtung hinstellt.
Im Vergleich zu dem *Lied der Deutschen* betonen die *Nationalhymne der Deutschen Demokratischen Republik* („Auferstanden aus Ruinen/Und der Zukunft zugewandt, S. 96, Z. 1 f.)" und die *Kinderhymne* („Und weil wir dies Land verbessern", S. 97, Z. 13) den Neuanfang bzw. die Verbesserung.
Das Lied der Deutschen hebt in der 2. Strophe ganz bewusst die Tradition hervor und es hat als Nationalhymne, die nach der Wiedervereinigung beibehalten wurde, Tradition. Tradition zu erhalten scheint leichter zu sein als ein Neuanfang.

Mascha Kaléko: *Emigranten-Monolog*

1950 schrieb ich einen Schulaufsatz über die Begriffe „Vaterland und Staat". Ich schlug damals vor den durch den Nationalsozialismus missbrauchten Begriff „Vaterland" durch den nüchternen Begriff „Staat" zu ersetzen und formulierte: „Der Begriff Vaterland gehört in die Mottenkiste." Mein damals sehr junger, auf kritische Auseinandersetzung mit dem Nationalsozialismus bedachter Deutschlehrer schrieb für diesen Satz die Bemerkung „gut" an den Rand.
Hätte er Mascha Kalékos *Emigranten-Monolog* gekannt, so hätte er gewusst, dass man mit Begriffen wie „Vaterland", an denen die Menschen über Jahrhunderte emotionale Bedürfnisse festgemacht haben, nicht „kurzen Prozess" machen kann.

Die Jüdin Mascha Kaléko erinnert mit dem ersten Vers ihres *Emigranten-Monologs* an ein Gedicht von Heinrich Heine (auch aus einer jüdischen Familie stammend), das ebenfalls mit diesem Vers beginnt. Sie, die 1938 in die USA emigrieren musste, teilte mit Heine das Schicksal das Vaterland verlassen zu müssen (SH, S. 98, Z. 2).
Die Gedichte von Kaléko und Heine weisen besonders in der letzten Strophe Parallelen auf:
Heine spricht dort von der Illusion eines Traums, dass ein inniges Verhältnis zwischen ihm und dem Vaterland bestanden habe

„Das küsste mich auf Deutsch und sprach auf Deutsch
(Man glaubt es kaum,
Wie gut es klang) das Wort: ‚Ich liebe dich!'
Es war ein Traum."

Kaléko schildert den Schmerz über den Verlust des Vaterlandes gerade auch durch den Als-ob-Vergleich noch intensiver:

„Mir ist zuweilen so, als ob
Das Herz in mir zerbrach." (SH, S. 98, Z. 17 f.)

Sie weiß – und damit komme ich auf den Anfang der Interpretation zurück –, dass sich der Verlust des Vaterlandes durch nichts ersetzen lässt:

„Ich habe manchmal Heimweh.
Ich weiß nur nicht, wonach ..." (Z. 19 f.)

Welche Widersprüche für Kaléko die Auseinandersetzung mit dem Begriff „Vaterland" enthält, zeigt die 2. Strophe. In Z. 5 mag sie den belasteten Begriff nicht ein zweites Mal aussprechen und ersetzt ihn durch „(siehe oben!)", in Z. 7 wird durch den Vergleich mit dem Röslein auf der Heide deutlich, wie kostbar für sie das zerbrechliche Vaterland war, an dem sich die brutale Kraft der Nationalsozialisten vergangen hatte.
Dass die Nachtigallen verstummten und sich nach einem sichern Wohnsitz umsahn (Z. 9 f.), verstehen wir als einen Exodus der Kunst aus dem barbarischen Deutschland, das zu einem trostlosen Land der Toten geworden ist (Z. 11 f.).
Ohne das Wort noch einmal zu verwenden, stellt Kaléko in der 4. Strophe fest, dass das von ihr geliebte Vaterland unwiederbringlich ist, auch wenn „kein Schwert mehr klirrt" (Z. 16) und „das liebe Glöcklein" (Z. 15) die Illusion von der Erhaltung des Vaterlandes wecken könnte.
Ein Monolog ist als subjektive Äußerung etwas sehr Individualistisches. Durch das Thema „Vaterland" und die Überschrift *Emigranten-Monolog* geht dieses Gedicht aber über eine private Äußerung der Dichterin hinaus und wird zum Politikum, das zeigt, wie gerade jüdische Emigranten bis zum Herzzerbrechen (Z. 18) an dem deutschen Vaterland gehangen haben, und das Anlass gibt darüber nachzudenken, in welchem Maße sich wieder Juden mit Deutschland identifizieren, selbstverständlich wachsamer denn je:

„Das wird nie wieder, wie es war,
Wenn es auch anders wird." (Z. 13 f.)

In der Realität ist etwas anders geworden, das Deutschen eine beschämende Bürde der Verantwortung auferlegt: Während Kaléko ihr 1945 erschienenes Gedicht mit den Versen beschließt:

„Ich habe manchmal Heimweh.
Ich weiß nur nicht, wonach ..." (Z. 19 f.),

sprechen z. B. Juden in Übersee wieder ganz konkret von ihrem Heimweh nach Deutschland.

In dem lebhaften Gedicht lockern Daktylen das jambische Metrum und die Reime wechseln vom umarmenden Reim (1. Strophe) zum Paarreim (2. und 3. Strophe), zum Kreuzreim (4. und 5. Strophe).

Die Anklänge an eine schöne Vergangenheit, der Kontrast zwischen harten (Z. 11 f.) und weichen Lauten (Z. 7, 15) sowie zwischen den Bildern (Nachtigallen, Geier), der gesamte an die Romantik erinnernde Stil zeugen von einer Sehnsucht, die umso ergreifender ist, weil sie ihr Ziel verloren hat.

Marie Luise Kaschnitz: *Jeder*

Kaschnitz (bei diesem Gedicht macht es keinen Sinn, vom lyrischen Ich zu reden) ist der Auffassung, jeder habe einmal das Bedürfnis sein Vaterland zu besingen. Die 3. Zeile „Sein Nest beschmutzen" (SH, S. 99) begreifen wir als ironische Metapher für kritischen Umgang mit dem Vaterland, den viele als Nestbeschmutzung missverstehen.

Angesichts der jüngeren deutschen von Militarismus geprägten Geschichte sind die Zeilen 6 und 7 der 1. Strophe verständlich. Deshalb kann auch die 8. Zeile ironisch gemeint sein.

Nach der Einleitung der 1. Strophe fragt sich die Dichterin nach ihrem persönlichen Verhältnis zu Deutschland. Sie beginnt mit der Skizzierung von Weimar, wo sie als Buchhändlerin gearbeitet hat, als einer Stadt der sich weiter entwickelnden Künste (Z. 15 f.) inmitten gepflegter Natur (Z. 10–13).

Die 3. Strophe mit ihren Flusslandschaften von Weichsel und Niederrhein, mit der Gewalt der Natur bei Hochwasser (Z. 21 ff.) und dem angetriebenen Leichnam deutet an, dass sie bei harmloser Schilderung von Landschaft und Kultur nicht bleiben wird. Zunächst erscheint in der 4. Strophe aber noch mit Nussbäumen, Linden, Oleander und Weinfässern die Heimat trotz des Gewitterhimmels fast als Idylle.

In der 5. Strophe zeigt Kaschnitz mit meisterhaften Abbreviaturen das Vaterland von der grauenhaften Seite mit den gleich machenden Hakenkreuzfahnen, den dröhnenden Stiefelschritten des alles beherrschenden Militarismus, mit dem Meinungsterror („Geflüstertes Grauen", Z. 34), mit Soldaten, denen das Singen vergangen ist, mit Judenzügen (wieso will keiner was gewusst haben?), mit Luftangriffen („Detonationen Christbäume sogenannte", Z. 38) und schließlich Tod („Asche zu Asche", Z. 39).

Die 6. Strophe skizziert mit feiner Andeutung kritischer Distanz (die Alliterationen in Z. 42 sowie der Militärmarsch „Alte Kameraden", Z. 43 neben der „Weihestimmung im Bachverein", Z. 44) die Restauration der Nachkriegszeit.
Die optimistische Prophezeiung der 7. Strophe ist besonders bemerkenswert. Leider hat die Entwicklung Kaschnitz nur zum Teil Recht gegeben: Mit Rüstung („Stacheldrahtzäunen", Z. 46) wird unvermindert verdient. Man kann nicht einmal sicher sein, dass im östlichen und westlichen Teil des wieder vereinigten Deutschlands Worte dasselbe bedeuten, und die Entwicklung z. B. auf dem Balkan zeigt, dass neue Vaterländer entstanden sind, die neue Schuldgefühle zur Folge haben.
Wenn Kaschnitz mit den Zeilen

„Vaterländer und die alten
Schuldgefühle haben ausgespielt." (Z. 50 f.)

meint, dass heute der alte Nationalismus überwunden sei, so trifft dies für jenen Teil Europas mehr oder weniger zu, der sich als EU bezeichnet.
Ob aber Schuldgefühle, auch wenn es alte sind, ausgespielt haben (sollten), dahinter möchten wir ein großes Fragezeichen setzen.

Kurt Drawert: *Heimatgedicht, C-Dur*
Es fällt auf, dass in diesem Gedicht „Heimat" in der Überschrift und „Vaterland" in der zweitletzten Zeile synonym verwendet werden. Die Nonchalance im Umgang mit den Begriffen interpretieren wir so, dass das lyrische Ich weder vom Vaterland noch von der Heimat viel hält.
Die große Distanz zu den emotional aufgeladenen Begriffen zeigt sich u. a. in der triefenden Ironie der letzten vier Zeilen:

„[…] Ehrlich gesagt:
wir können doch stolz sein auf dieses
mein Vaterland mit so schönen Enten.
Und auf alle deine Siege, Boris." (SH, S. 101, Z. 28–31)

Aus der Sicht Drawerts ist für die Heimat jener unpolitische Deutsche repräsentativ, der sein geregeltes Leben durch die täglichen Nachrichten von Kriegen nicht stören lassen will (Z. 1–7). Diesen egoistischen „Biedermeier" hatte schon Goethe in *Faust I* im Visier:

„Nichts Bessres weiß ich mir an Sonn- und Feiertagen
Als ein Gespräch von Krieg und Kriegsgeschrei,
Wenn hinten, weit, in der Türkei
Die Völker aufeinander schlagen."

Wenn Deutsche von Heimat oder Vaterland reden, verfallen sie schnell in den Wir-Stil, eine Eigenart, die in diesem Gedicht karikiert wird. Nachdem Drawert festgestellt hat, dass *wir* Glück haben und dass *unser* Schicksal etwas Besonderes ist (Z. 8), macht er aus den Deutschen in nicht zu überbietender Ironie ein auserwähltes Volk:

„Wir sind gesandt und herabgekommen
in besonderem Auftrag. Wir sind gottgewollt
gut und werden belohnt." (Z. 10 ff.)

Zunächst müssen die Gene und die naturgemäße Herkunft für den deutschen Nationalismus und Rassismus herhalten, dann werden sie mit Nonsens durch den Kakao gezogen: „Das muss [...]

[...]
von der Liebe nach Dienstschluss
Auf frischen Rapsfeldern kommen.“ (Z. 13–16)

Eine Fortsetzung des Nonsens ist das Paradoxon

„Zwischen Oder und Rhein stirbt unerlaubt/niemand.“ (Z. 17 f.)

Drawert steigert die Veralberung von Vaterland und Heimat noch, indem er so tut, als habe er mit Hilfe des Geschichtsbuches darüber reflektiert:

„Es wird also Zeit,
den hochroten Kopf
Im Geschichtsbuch zu lassen.“ (Z. 19 ff.)

Kein Lobgesang auf das Vaterland ohne die deutsche Hauptstadt zu erwähnen, über der sich natürlich (s. o., Nationalismus und Rassismus) ein *blonder* Himmel spannt. Keine Hymne auf das Vaterland, ohne dass der Frauen gedacht wird, insbesondere der „tüchtigen Werksfrau“ (Z. 24), die in Wertschätzung altdeutscher Tugend

„die Kameraden des Fortschritts
ordentlich an sich arbeiten lässt.“ (Z. 25 f.)

Das auserwählte Deutschland ist in jeder Beziehung „Spitze“, ob das nun Siemens als größtes Unternehmen der deutschen elektronischen Industrie ist oder „die ertragreichen Kühe/in Schleswig-Holstein“ (Z. 27 f.).

Nach der Herausstellung so großer Vorzüge endet das Gedicht mit der Schlussfolgerung „Wir können doch stolz sein auf dieses

mein Vaterland [...]“ (Z. 29 f.)

Es ist, als hätte Drawert 1995 geahnt, dass 2001 ein gewisser Herr Laurenz Meyer, Generalsekretär der CDU, töricht genug sein würde eine Debatte mit dem Bekenntnis „Ich bin stolz ein Deutscher zu sein.“ loszutreten.

Dazu schreibt Robert Leicht unter der Überschrift *Dummheit und Stolz wachsen auf einem Holz* in der ZEIT, 44/2000/Politik:

„[...] und dass Deutschland als Nation auf seinen Weg in der Geschichte stolz sein könnte – das will doch wohl niemand behaupten! Allenfalls können wir sagen: Wir sind glücklich, dass wir trotz der einzigartigen, verbrecherischen Katastrophe unserer nationalen Geschichte wieder als freie Nation unter Freien mitwirken können an der Zukunft Europas. Und vielleicht dürfen wir uns darüber freuen, dass es uns (genau genommen: unseren Altvorderen) seit 1949 im Westen und seit 1989 in der ganzen Republik gelungen ist, ein Stück dieses zerstörten Vertrauens zurückzugewinnen. Über diese Leistung dürfen sogar jene, die sie erbracht haben, – wenn sie es denn wollen – ein wenig stolz sein; aber diese Freude gilt nicht der unverschuldeten und unverdienten Tatsache, dass sie Deutsche waren, sondern dass sie es trotzdem geschafft haben Vertrauen zu gewinnen[...].“

Volker Braun: *Das Eigentum* (vgl. auch LH, S. 8)

1 Unterrichtszusammenhang

Die SchülerInnen haben das Gedicht von Karl Krolow: *Das Denken in Immobilien* interpretiert. Sie haben Krolows Enttäuschung über den Materialismus im wieder vereinigten Deutschland, der sich in Immobilien äußert, kennen gelernt. Sie wissen, dass Krolow ein Denken, das nicht nur auf den Nutzen fixiert ist, (selbst)ironisch als „falsche Ideologie“ bezeichnet um die Perversion zu verdeutlichen, die nach der Wende in beiden Teilen Deutschlands herrscht.
Das Eigentum von Volker Braun führt insofern Krolows Gedicht weiter, als es fragt, was in dem neuen materialistischen Denken unter „Eigentum“ verstanden wird.

2 Unterrichtsziele

Die SchülerInnen
- führen eine Befragung in ihrem Umfeld durch, was Jugendliche und Erwachsene unter Eigentum verstehen,
- ermitteln in der Befragung, ob der massenhaft verbreitete Kaufrausch, der der Wiedervereinigung folgte, eine vorübergehende Verhaltensweise früherer DDR-Bürger war oder ob es auch heute noch Objekte gibt, die Bürger im Osten und Westen Deutschlands gierig zu erwerben versuchen („Sommer der Begierde“, SH, S. 11, Z. 5),
- untersuchen Zeitungen und Illustrierte aus den Monaten der Wendezeit (etwa ab 22. Dezember 1989: Öffnung des Brandenburger Tors) nach den Motiven für Reisen und Umsiedlungen von (ehemaligen) DDR-Bürgern in die alten Bundesländer,
- diskutieren die Absicht Brauns den bekannten Satz aus Büchners Flugschrift „Der Hessische Landbote“: „Friede den Hütten, Krieg den Palästen“ umzukehren,
- fragen sich, was Braun für die „magre Zierde“ (Z. 4) der DDR gehalten hat,
- erfinden in Gruppenarbeit eine Geschichte, die davon handelt, dass sich jemand durch eine massive Veränderung in seinem Leben mit seiner bisherigen Sprechweise/Schreibweise nicht mehr verständlich machen kann,
- erarbeiten die Bedeutung der Schlussaussage, dass nämlich nicht mehr verstanden wird, wer „mein“ sagt und damit alle meint.

3 Unterrichtsverlauf

3.1 Die SchülerInnen erhalten den Text *Das Eigentum* zur häuslichen Lektüre, stellen Fragen zu seiner Bedeutung und äußern erste Vermutungen dazu.

3.2 Sie tauschen sich zwanglos darüber aus, was Menschen als Eigentum bezeichnen. Dann tragen sie in einer Skizze Begriffe ein. Bei einer Befragung unter MitschülerInnen und Eltern soll ermittelt werden, welche davon als „Eigentum" bezeichnet werden können.
Was von dem mit den folgenden Begriffen Bezeichneten kann Ihrer Meinung nach jemandem als Eigentum gehören? Antworten Sie mit Ja oder Nein in der Zeile darunter:

Geld	Sonne	Wege	Autos	Park	Gedanken	Luftraum	Gedichte	Frau	Mann	Kind

3.3 Arbeitsteilige Gruppenarbeit
Gruppe 1: Untersuchung von Zeitungen und Zeitschriften aus der Wendezeit: Motive für das „Go West" von (ehemaligen) DDR-Bürgerinnen und Bürgern
Gruppe 2: Was meinte Büchner mit „Friede den Hütten, Krieg den Palästen"? Was will Braun mit der Umkehrung der Parole sagen?
Gruppe 3: Ziehen Sie Literaturgeschichten, (Geschichts)bücher, Zeitungen, Zeitzeugen aus der früheren DDR zu Rate. Womit konnte die Bevölkerung sich identifizieren? Was kann also der Satz: „Es wirft sich weg und seine magre Zierde" (Z. 4) bedeuten?
Gruppe 4: Fragen Sie Ältere: Worauf waren DDR-Bürger nach der Wende scharf („Sommer der Begierde", Z. 5)? Gibt es auch heute (z. B. beim Sommerschlussverkauf) sog. Kaufrausch? Wenn ja, worauf richtet er sich?

3.4 **Hausaufgabe:** Schreiben Sie entweder eine Geschichte zu „Und unverständlich wird mein ganzer Text" (Z. 7) oder zu „Die Hoffnung lag im Weg wie eine Falle" (Z. 10).

3.5 Diskutieren Sie darüber, wieso dem lyrischen Ich etwas entrissen werden konnte, was es niemals besaß (Z. 8): Die Welt seiner Gedanken konnte ihm entrissen werden, weil es von der Hoffnung lebte, die sich als Falle entpuppt hat.

3.6 Stellen Sie einen Zusammenhang zwischen den entrissenen Gedanken, dem Vers: „Mein Eigentum, jetzt habt ihrs auf der Kralle" (Z. 11) und dem Schluss her: „Wann sag ich wieder *mein* und meine alle" (Z. 12): Wer „mein" sagt und damit alle meint, wird nicht mehr verstanden. Das ist es, was seine politischen Gegner wollen. Sie haben jetzt sein immaterielles Eigentum, die entrissenen Gedanken, auf der Kralle.

3.7 Untersuchen Sie die Gestaltung des Gedichtes, insbesondere das Metrum und die Reime.

- Wo wird das regelmäßige Metrum unterbrochen? Welche Funktion hat dies?
  Die regelmäßigen Jamben werden nur im zweiten Vers von Trochäen unterbrochen, die zusätzlich die Bedeutung einer Zeile unterstreichen, die schon vom Druckbild hervorgehoben wird.
- Wie folgen die Reime aufeinander? Wo unterstreichen sie den Inhalt?
  Das Gedicht reimt a a b c c d d e e f f f.
  Auffällig ist, dass der dritte Vers „Ich selber habe ihm den Tritt versetzt“ aus dem Paarreim herausfällt und dass die identischen Reime in den letzten drei Versen die pointierte Schlussaussage unterstreichen und das Gedicht wie ein Sonett erscheinen lassen.

Wolf Biermann: *Ermutigung* (vgl. auch LH, S. 15)

1 Unterrichtszusammenhang

Ermutigung ist eines der Gedichte, die im SH unter der Überschrift „Individualismus in der DDR“ zusammengestellt wurden. Was damit gemeint ist; sei kurz skizziert: Bis etwa 1965 herrschte in der DDR nahezu uneingeschränkt die Literaturdoktrin des sozialistischen Realismus. Dieser ließ nur Raum für das historische oder gesellschaftliche Subjekt, das individuelle Subjekt mit seinen Bedürfnissen verschwand im Kollektiv.

Dass ab Mitte der sechziger Jahre von einigen AutorInnen die Rehabilitierung des Ich eingefordert wurde, darf nicht als Eskapismus ins unpolitisch Subjektive verstanden werden: „Was wirklich vorgeht, ist Aktion und Reaktion einer Lyrik in Gesellschaftsprozessen, die Entfremdung aufheben und mit ihr viele der traditionellen ästhetischen Antinomien; stärker nun können in ihrem wirklichen Zusammenhang und Widerspruch die gesellschaftlich-öffentlichen Verhältnisse als Intimfragen der Individuen gefasst, die übergreifenden Prozesse auf ihre Wirkung auf den Einzelnen befragt, Wechselwirkung zwischen gesellschaftlicher Praxis und privater Befindlichkeit bewusst gemacht werden.“ (Schlenstedt, a. a. O., S. 341)

Dem Gedicht *Ermutigung* ging voraus, dass herrschende Kulturfunktionäre der DDR die individualistische Publikationsweise von Peter Huchel nicht dulden wollten.

Er musste 1962 als Chefredakteur der Zeitschrift „Sinn und Form“ zurücktreten, weil er sich nicht entschieden genug zu der sozialistischen Entwicklung in der DDR bekannte. Bald darauf folgten für ihn Berufs- und Publikationsverbot. Wolf Biermann selbst hat sich zum Entstehen von *Ermutigung* geäußert (vgl. SH, S. 20).

2 Unterrichtsziele

Die SchülerInnen
- erkennen, dass der Aufbau des Gedichtes durch die freundschaftliche Anrede „Du“ in den ersten vier und das solidarische „Wir“ in der 5. Strophe bestimmt wird,
- erschließen die Funktion der ersten Verse aller Strophen: In den Strophen 1–4 will die Partei Huchel ihren Willen aufzwingen, der 1. Vers der 5. Strophe setzt dem Widerstand entgegen,
- erarbeiten, wie die zweiten Verse aller Strophen das Thema Zeit variieren: Klimax von „harte Zeit“, „bittre Zeit“ zu „Schreckenszeit“. In der 4. Strophe wird der Leidtragende aufgefordert „Gebrauche deine Zeit“ (SH, S. 19, Z. 17), um (5. Strophe) die Schweigezeit zu brechen,
- erkennen, dass der dritte, vierte und fünfte Vers aller Strophen von der Strategie des Widerstandes gegen die Partei handelt und beachten die Reimkorrespondenz der fünften mit den zweiten Versen,
- diskutieren über die politische Aussage des Gedichtes, die im dialektischen Denken mehrere Verhaltensweisen verwirft. Ihnen stellt sie als positive Erkenntnis gegenüber, dass man sich gerade in der Schweigezeit artikulieren muss,
- denken darüber nach, wie die Strophen- und Reimform den Inhalt unterstützen.

3 Unterrichtsverlauf

Die SchülerInnen haben zu Hause den Text *Über Peter Huchel* (SH, S. 20) gelesen um zu erkennen, weshalb Biermann seine *Ermutigung* Peter Huchel widmet.

3.2 Einige der in den Unterrichtszielen erwähnten ästhetischen Vorzüge des Gedichtes, z. B. die anaphorischen Anreden und die Zuordnung der Reime, lassen sich sowohl über das Auge als auch über den Klang erfassen. Deshalb sollte das Gedicht von mehreren SchülerInnen vorgelesen werden. So gewonnene erste Erkenntnisse werden an der Tafel festgehalten.

3.3 Arbeitsteilige Gruppenarbeit
Gruppe 1: Strukturierung des Aufbaus durch die Anreden
Gruppe 2: die Funktion der ersten Verse aller Strophen
Gruppe 3: Variation des Themas „Zeit“ in den zweiten Versen aller Strophen
Gruppe 4: Verse 3, 4, 5 aller Strophen: Strategie des Widerstandes gegen die Partei
Plenum: Austausch der Gruppenergebnisse
Plenum: Diskussion über die politische Aussage des Gedichtes
Zusammenspiel der Strophen- und Reimform mit dem Inhalt: Die schlichte Eleganz der traditionellen Form unterstützt die Glaubwürdigkeit des Trostes.

3.4 Tafelbild: Strukturierung des Aufbaus

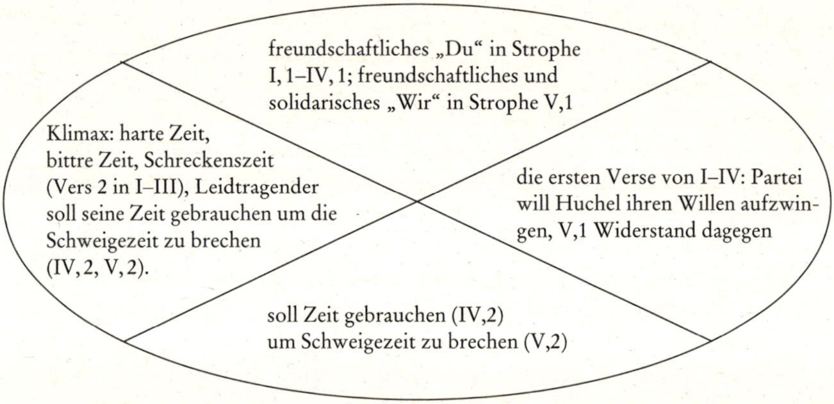

Franz Josef Degenhardt: *Ja, dieses Deutschland meine ich* (vgl. LH, S. 18)

1 Unterrichtszusammenhang

Aus der Tatsache, dass dieses Deutschlandgedicht für die Arbeiterklasse geschrieben ist, dass das kommunistische Klassenbewusstsein unverschleiert gezeigt wird, dass politische Vorbilder wie Rosa Luxemburg und Ho Tschi Minh erwähnt werden, und aus dem Erscheinungsdatum des Gedichts 1972 geht hervor, dass es zur Zeit der Außerparlamentarischen Opposition (APO) geschrieben worden ist.
In der Hinwendung zur Arbeiterklasse und in der Übernahme sozialistischer bzw. kommunistischer Ideen sahen auch viele SchriftstellerInnen die einzig mögliche politische Konsequenz, nachdem seit 1965 Widersprüche des kapitalistischen Systems offen zu Tage getreten waren und sich der dritte Weg zwischen Kapitalismus und Sozialismus als Illusion erwiesen hatte. (Welche weiteren Ursachen zur Entstehung der Außerparlamentarischen Opposition beitrugen, ist dem Text von Klaus Schuhmann: *Ursachen für die Entstehung der APO*, SH, S. 26 zu entnehmen.)
Dass hier das Lied von Degenhardt als Beispiel für die Gedichte aus der Zeit der APO herausgegriffen wird, ist nicht so zu verstehen, als sei der Autor für diese Bewegung repräsentativ (das war der Kommunist Degenhardt eher nicht), sondern so, dass in der studentischen Bewegung jener Zeit ein großes Bedürfnis vorhanden war die Interessen der Arbeiter zu verstehen, ein Bestreben, dem Degenhardts Deutschlandgedicht Rechnung trägt.

2 Unterrichtsziele

Die SchülerInnen

- erschließen aus inhaltlichen und sprachlichen Hinweisen, dass Degenhardts Deutschlandgedicht für die Arbeiterklasse geschrieben ist: Der Adressat wird mit „Du" angeredet, er ist Lohnempfänger. Es wird seine Sprache gesprochen: „blauer Tag" (SH, S. 27, Z. 29), „Laden" (Z. 32), „Kumpel" (Z. 42),
- ergründen, worin sich kommunistisches Klassenbewusstsein zeigt: Das Land gehört den Werktätigen, die Felder haben als Allgemeinbesitz keine Zäune, es handelt sich um einen Staat von Arbeitern und Bauern (Z. 29 ff.),
- entdecken, worin sich die Vorwegnahme einer klassenlosen Gesellschaft zeigt: Das Klassenbewusstsein nimmt den Klassenkampf „bis zur letzten Schlacht" (Z. 63) und die Zukunft einer klassenlosen Gesellschaft vorweg (Z. 65 ff.), wo Straßen und Plätze nur noch nach den großen Namen der Geschichte des Kommunismus/Sozialismus und nach deren Leitwerten („Solidarität") benannt werden (Z. 72 f.),
- finden, dass Degenhardt den Vorwurf der „Utopie" gegenüber dem von ihm in Aussicht gestellten klassenlosen Deutschland abzufangen versucht (Z. 75 ff.),
- beschreiben die variable Reimform des Gedichts: Die ersten beiden Strophen enthalten mit einer Abweichung in Vers 3 Paarreime. Die dritte Strophe verzichtet zugunsten komplexerer Inhalte auf Reime. Jedoch die letzten drei Verse, die den Realitätsgehalt von Degenhardts Vision betonen sollen, reimen wieder,
- entdecken, wie der mit besonderem Sinn behaftete letzte Vers der 1. Strophe vorbereitet wird: Mehrere mit „und wo" anaphorisch vorgetragene Charakteristika des von Degenhardt gemeinten Deutschlands münden in diese Zeile,
- setzen sich kritisch mit der Gestaltung des Refrains auseinander: Zwar unterstreichen die Anklänge an das Volkslied *Kein schöner Land* und an die Linden das Gemeinschaftsgefühl, aber die vierte Zeile „und auch noch anderswo" fällt sprachlich ab,
- erkennen, dass sich Degenhardts Gedicht insbesondere durch die angestrebte Abschaffung von Herrschaftsverhältnissen als politisch ausweist.

3 Unterrichtsverlauf

3.1 Die SchülerInnen haben das Gedicht zu Hause gelesen und äußern sich spontan dazu. Sie stellen u. a. fest, dass das von Degenhardt gemeinte Deutschland den Arbeitern und Bauern allein gehört und dass das Gedicht die Denk- und Lebensweise von Arbeitern beschreibt.

3.2 Der Text von Klaus Schuhmann: *Ursachen für die Entstehung der APO* wird gemeinsam gelesen und von der Lehrkraft dahingehend ergänzt, dass die studentische Bewegung der APO Arbeiter als Bündnispartner für eine Revolutionierung der Gesellschaft gewinnen wollte und dass sie deswegen an der Lebensweise der Arbeiter sehr interessiert war. Die SchülerInnen stellen fest, dass Degenhardts Gedicht diesem Interesse Rechnung trägt.

3.3 Im Unterrichtsgespräch werden Textbelege dafür zusammengetragen, dass Degenhardt *Ja, dieses Deutschland meine ich* für die Arbeiterklasse geschrieben hat.

3.4 Falls dies notwendig ist, erläutert die Lehrkraft die Begriffe „Klassenbewusstsein“ und „klassenlose Gesellschaft“.

3.5 Die SchülerInnen diskutieren darüber, ob Arbeiterinnen und Arbeiter heute noch ein gemeinsames Bewusstsein haben und ob sie sich als Arbeiterklasse fühlen.

3.6 Arbeitsteilige Gruppenarbeit
Gruppe 1: belegt am Text, dass Degenhardts Gedicht von kommunistischem Klassenbewusstsein zeugt.
Gruppe 2: belegt am Text die Vorwegnahme einer klassenlosen Gesellschaft.
Gruppe 3: Die klassenlose Gesellschaft als „Utopie“: Wie versucht Degenhardt diesem Einwand vorzubeugen?

3.7 Gelenktes Unterrichtsgespräch über die Form des Gedichtes: Die variable Reimform, Vorbereitung des letzten Verses der 1. Strophe, Gestaltung des Refrains

3.8 Gemeinsame Lektüre von Alwin Binder/Dietrich Scholle: *Allgemeine Bestimmung des Begriffs der politischen Lyrik* (SH, S. 102):
Binder und Scholle haben politische Lyrik mit dem bewussten und erkennbaren Bezug auf Herrschaftsverhältnisse definiert. Insbesondere, weil es um deren Abschaffung geht, ist Degenhardts Gedicht politisch.

3.9 Die SchülerInnen schreiben in Gruppenarbeit ein gleichnamiges Gedicht *Ja, dieses Deutschland meine ich*, in dem sie ihre Wünsche und Bedürfnisse artikulieren können.

Uwe Timm: *Lob der Idylle* (vgl. auch LH, S. 26)

1 Unterrichtszusammenhang

Bei dem Thema „Soziale Unterschiede, Ausbeutung" ist die Versuchung groß mit mittelmäßiger Agitation und Propaganda Partei zu nehmen. Pfeffel und Goll sind mit ihren Gedichten dieser Versuchung nicht erlegen. Ganz besonders Uwe Timm hat mit *Lob der Idylle* bewiesen, dass Parteinahme und hoher ästhetischer Anspruch sich nicht ausschließen müssen.

2 Unterrichtsziele

Die SchülerInnen

- erkennen, dass der analoge Aufbau von vier Strophen in den letzten drei Zeilen der 5. Strophe durch einen Gedankenblitz zerstört wird,
- informieren sich in einem literarischen Lexikon über den Begriff „Idylle",
- stellen fest, wie in den ersten Zeilen der Str. 1–4 der Begriff „schön" gesteigert wird und dass diese Steigerung die Antithese „beunruhigend" in Z. 34 (SH, S. 40) vorbereiten soll,
- erarbeiten, dass die Z. 2–4 bzw. 2–5 idyllische Orte ausmalen, die immer erlesener, aber auch teurer werde,
- erkennen die Gemeinsamkeiten der Z. 5–8, die mit dem analogen Partizip „wissend" eingeleitet werden: Die „Kulis" (Knechte, Arbeiter, Kumpel, Boys) sind für Gourmets nur insoweit interessant, als sie deren Wohlstand sichern und steigern,
- machen sich die Raffinesse der Syntax in den Z. 5–8 klar: Die Z. 5 und 6 bezeichnen den Gewinn. Ihnen steht in den Z. 7 und 8 ein Temporal- bzw. Adversativsatz gegenüber, der die benennt, welche den Gewinn erarbeiten,
- entdecken, dass die Bilder von den Garanten der Idylle eine zynische Steigerung erfahren über die Knechte, Arbeiter, Kumpel und Boys hin zu den südafrikanischen Streitkräften, die zusammen mit dem CIA für Ruhe und Ordnung im Lande sorgen,
- erkennen, dass der sarkastische Schlusssatz (5. Str.) umso desillusionierender wirkt, je mehr vorher mit Adjektiven („herbstfarbene Buchen", Z. 3; „geübten gleichmäßigen Griffen", Z. 17; „schneebedeckte Kuppe", Z. 20; gleichmäßiges Äsen", Z. 28) in Stimmung geschwelgt wurde,
- diskutieren, worin die politische Wirkung des Gedichtes liegen kann: Das Gedicht trägt durch Kontrastierungen von Gourmets und „Ausgebeuteten" zur Bewusstseinserweiterung bei und ermöglicht, ohne die „Ausbeuter" anzuklagen, in den letzten drei Zeilen durch Witz die Identifizierung mit denen, „die keinen Sinn für Schönheit haben".

3 Unterrichtsverlauf

3.1 Um die Aufmerksamkeit auch akustisch auf die ungemein strukturierte Komposition des Gedichtes zu lenken, lässt die Lehrkraft es von mehreren Sprechern lesen:
Sprecher 1: die erste Zeile mit den Bewertungen
Sprecher 2: die 2. und 3. Zeile mit den Ortsangaben
Sprecher 3: die Aktivitäten des Genusses
Sprecher 4: die mit „wissend" eingeleiteten Zeilen 5 und 6
Sprecher 5: die mit „während" eingeleiteten Zeilen 7 und 8
Sprecher 6: die 3 Schlusszeilen (5. Str.)

3.2 Um die analoge Gestaltung der Strophen weiter herauszuarbeiten, werden diese mit Linien, die den Zeilen entsprechen, gezeichnet, z. B.:

usw.
Dabei fällt auf, dass die letzten drei Zeilen sich von dem Aufbau der ersten 4 Strophen unterscheiden.

3.3 Die wesentlichen Merkmale einer Idylle werden notiert. Die Lehrkraft weist besonders darauf hin, dass es in der Regel in einer Idylle keine Störfaktoren gibt.
Der Gedankenblitz der letzten drei Zeilen wird als Störfaktor erkannt.

3.4 Gruppenarbeit zur Struktur der Strophen
Gruppe 1: Welche Aufgabe haben die ersten vier Zeilen von Strophe 1–4 im Hinblick auf die drei Schlusszeilen? (Vgl. Unterrichtsziel 3)
Gruppe 2: Wodurch unterscheiden sich die Idyllen in Strophe 1–4? (Vgl. Unterrichtsziel 4)
Gruppe 3: Welche formale und inhaltliche Gemeinsamkeit haben die Zeilen 5–8 in den Strophen 1–4? (Vgl. Unterrichtsziel 5)
Gruppe 4: Wie verhalten sich die Zeilen 5, 6 und 7, 8 in den Strophen 1–4 zueinander? (Vgl. Unterrichtsziel 6)
Gruppe 5: Welche Änderung erfahren die Bilder von den Garanten der Idylle? (Vgl. Unterrichtsziel 7)
Notieren Sie die Adjektive. In welchem Verhältnis stehen alle übrigen zu dem letzten „beunruhigend"?

3.5 Gesamte Lerngruppe:

„Beunruhigend aber der Gedanke
dass es Leute gibt“ (Z. 34)
die sich durch nichts provozieren lassen

Diskutieren Sie darüber, wie Sie die politische Wirkung dieses Gedichtes einschätzen, a) mit der originalen Schlusszeile, b) mit der geänderten Schlusszeile. Lesen Sie zur Vorbereitung der Diskussion den Text von Yaak Karsunke: *Gedanken zum Gebrauch politischer Lyrik* (SH, S. 114).

Ernst Jandl: *wien: heldenplatz* (vgl. auch LH, S. 29)

1 Unterrichtszusammenhang

Auf den ersten Blick hat dieses Gedicht eher mit experimenteller Poesie als mit Ideologiekritik zu tun. Letztere wird häufig im Sinne Adornos an falschem Bewusstsein geübt, das unwahre Wörter hervorbringt.

Jandls Ideologiekritik richtet sich weniger auf einzelne Wörter und deren Konnotationen als auf die verlogene Szenerie des Heldenplatzes in Wien, auf dem Hitler 1938 nach dem sog. Anschluss Österreichs eine Rede gehalten hat. In seinem Gedicht werden Ideologieträger benannt und sogleich karikiert, nämlich der durch seine Benennung schon dubiose Heldenplatz, das Gebrüll und die hünenhafte Intonation der Rede, die Massenhysterie und schließlich die verklemmte Sexualität.

2 Unterrichtsziele

Die SchülerInnen

- charakterisieren die Sprache des Gedichts: reich an Neologismen, bildhaft, lautmalerisch,
- versuchen eine vorläufige Benennung der Thematik des Gedichts: Massenhysterie, Fanatismus, verklemmte Sexualität,
- versuchen eine „Übersetzung“ des Gedichts,
- tauschen die Einsichten aus, die sie bei dem Übersetzungsversuch gewonnen haben: Obwohl manche Wortschöpfungen nicht eindeutig übersetzbar sind, z. B. „stimmstummel“ (SH, S. 46, Z. 12), „knie-ender“ (Z. 15), werden die Rezipienten etwas damit assoziieren. Manches lässt sich übersetzen, verliert dabei aber seine Originalität, z. B. „balzend kribbelte es“, „balzerig würmelte es“ (Z. 13). Lautmalerei sagt oft mehr als jede Übersetzung, z. B. „feilzer stimme“ (Z. 8), „hirschelte“ (Z. 15),
- diskutieren, warum Jandl die sprachlichen Experimente statt normaler Verkehrssprache gewählt hat: Auf diese Weise kann man sich von der beschriebenen und

vielleicht auch von aktueller Massenhysterie durch Schmunzeln/Lachen emanzipieren,
- erkennen die ideologiekritische Funktion des Gedichtes: vgl. Unterrichtszusammenhang.

3 Unterrichtsverlauf

3.1 Vorläufige Verständigung über die Thematik des Gedichts (Unterrichtsziel 2)

3.2 Charakterisierung der Sprache des Gedichts (Unterrichtsziel 1)

3.3 Übersetzungsversuch (Unterrichtsziel 3)

3.4 Austausch über die bei dem Übersetzungsversuch gewonnenen Erkenntnisse (Unterrichtsziel 4)

3.5 Sinn der sprachlichen Experimente (Unterrichtsziel 5)

3.6 Tafelbild: Die ideologiekritische Funktion des Gedichts
Benennung und Karikierung von Ideologieträgern

Dubioser Heldenplatz

Massenhysterie — Gebrüll und hünenhafte Intonation

Verklemmte Sexualität

Gerhard Schumann:
Nun aber steht ein Haufe von Entschlossnen (vgl. auch LH, S. 35)

1 Unterrichtszusammenhang

Es gibt zwei Wege das Gedicht von Schumann zu behandeln. Der erste besteht darin, mit den Gedichten von Tucholsky: *Die Mäuler auf* (SH, S. 52) und von Brecht: *Hitler-Choral III* (SH, S. 53) vorher ein kritisches Bewusstsein aufzubauen, das dem Gegenstand angemessen ist. Der zweite, hier gewählte, konfrontiert die SchülerInnen ohne diese Hinführung mit dem Gedicht. Dabei lässt sich feststellen, inwieweit sie für dessen makabre Ideologie sensibilisiert sind.

2 Unterrichtsziele

Die SchülerInnen:

- halten die Strophenform und Reime des Gedichts fest und identifizieren es als Sonett,
- sammeln Beispiele für die blutrünstige Diktion des Gedichtes: „Sie träumen Nachts vom Blut, dem hingegossnen" (SH, S. 54, Z. 3); „Und von dem Acker, der nach Männern schreit" (Z. 6); „Aus ihren Schritten hallt das Blutgericht" (Z. 11),
- fragen nach der Funktion dieser Diktion: Sie lässt im Nebulosen, wofür der entschlossne Haufe als „Hüter und Rächer" (Z. 13) auftritt. Unklar bleibt z. B., wer, wo und wann aus welchem Grunde Blut vergossen hat (Z. 3), weshalb der Acker nach Männern schreit (Z. 6), wer aus welchem Grunde blutig hingerichtet wird (Z. 11),
- fragen sich, aus welchem Grunde in Z. 5 das dunkle Schicksal erwähnt wird: Die Verantwortung für das blutige Morden kann auf das dunkle Schicksal abgeschoben werden,
- erkennen, dass der Führer zum Übermenschen stilisiert wird: Der Führer ist der Vollstrecker des Schicksals (Z. 5), der in großartiger Einsamkeit für alles die Verantwortung trägt (Z. 4),
- denken darüber nach, weshalb in diesem Gedicht „Schuld" (Z. 8) erwähnt wird: Es wird suggeriert, dass es trotz oder wegen des dunklen Schicksals so etwas wie tragische Schuld gibt, die aber der Bruder verzeiht,
- erkennen, dass Schumann bewusst mit Widersprüchen operiert: Einerseits ist von dem *dunklen Schicksal* die Rede, andererseits heißt es in Z. 9: „Vor ihrem Blick steht das Geheime nicht". Damit wird Klarheit suggeriert, aber die Visionen der Eingeweihten bleiben verschwommen,
- fragen sich nach der Funktion des Grals: Das Symbol der Reinheit aus der Dichtung des Mittelalters muss dafür herhalten, die Seelen der „Knechte des Führers" (Z. 13) zu adeln, die doch von dem Gedanken an Blutgericht und Rache erfüllt sind,
- erkennen die geschlossene männliche Welt des Gedichts: Führer – Männer – Bruder – Knechte – Hüter – Rächer. Da ist für Mutter und Schwester, geschweige denn überhaupt für Frauen kein Platz,
- definieren als politisches Motiv des Gedichtes die Rechtfertigung von Expansionspolitik: Das brennende Ziel ist das wachsende Reich (Z. 14, 7). Es soll das Gebräu aus blankem Willen, der den schwächlichen Zweifel nicht kennt, von hingegossnem Blut, von stählernen Worten und dem einsamen Führer rechtfertigen,
- erkennen die verborgene Manipulationsabsicht Schumanns: Der Aufruf zu imperialistischer Expansion des Reiches soll als schicksalhafte Notwendigkeit dargestellt werden. Die Verantwortung für das dabei vergossene Blut wird entweder vom Führer getragen oder vom Bruder verziehen.

3 Unterrichtsverlauf

3.1 Nach Feststellung von Strophenform und Reimen mit Hilfe der Lehrkraft Identifizierung des Gedichts als Sonett (Unterrichtsziel 1)
Auffällige Spannung zwischen der glatten Form und dem blutrünstigen Vokabular

3.2 Beispiele für die blutrünstige Diktion des Gedichtes und deren Funktion (Unterrichtsziele 2 und 3)

3.3 Arbeitsteilige Gruppenarbeit: Lösung inhaltlicher Fragen
Gruppe 1: Wozu wird in Z. 5 das dunkle Schicksal erwähnt und was sagt dies über den Führer aus? (Unterrichtsziele 5 und 6)
Gruppe 2: Wie ist Z. 8 zu deuten? (Unterrichtsziel 6)
Gruppe 3: Wie erklären Sie sich den Widerspruch zwischen dem „dunklen Schicksal" (Z. 5) und Z. 9? (Unterrichtsziel 7)
Gruppe 4: die Funktion des Grals (Unterrichtsziel 8)
Gruppe 5: die geschlossene männliche Welt (Unterrichtsziel 9)
Diskussion: das politische Motiv des Gedichts (Unterrichtsziel 10)
Diskussion über die verborgene Manipulationsabsicht (Unterrichtsziel 11)

Johannes R. Becher: *Die Partei* (vgl. auch LH, S. 40)

1 Unterrichtszusammenhang

Mit Hilfe des Abschnitts über die Aufgaben der Partei in der Interpretation dieses Gedichtes (vgl. LH, S. 40 f.) sollte der für das Verständnis erforderliche Hintergrund über die marxistische Parteienlehre geschaffen werden.
Ferner ist für die SchülerInnen wichtig zu wissen, dass sich Becher in besonderem Maße dem Marxismus verpflichtet fühlte, wie es z. B. in dem folgenden Zitat aus dem Rundfunkgespräch *Können Dichter die Welt ändern?* zum Ausdruck kommt: „Wir sind nicht Menschen, wir sind Klassenmenschen, Menschen der einen oder der anderen Klasse, und auch die Dichtung ist klassengebunden, und das Wort ist dem Klassengesetz untertan. Jede Zeit hat ihre Aufgabe, und die Aufgabe dieser Zeit ist die Befreiung des Proletariats und darüber hinaus die Befreiung der gesamten Menschheit." (SH, S. 62)

2 Unterrichtsziele

Die SchülerInnen
- informieren sich über Grundsätze der von Lenin entwickelten Lehre von der proletarischen Partei,

- nehmen zur Kenntnis, in welchem Maße sich Becher als Dichter in den Dienst des Marxismus stellte? (*Können Dichter die Welt ändern?*, SH, S. 61 ff.),
- erkennen den Zusammenhang zwischen der strengen Form des Sonetts und der züchtigenden Wirkung der Partei,
- diskutieren, ob ihnen die Folgen glaubwürdig erscheinen, die nach Bechers Meinung ohne die disziplinierende Wirkung der Partei auf ihn zugekommen wären (Z. 3–5),
- vergleichen *Die Partei* mit *L'art pour l'art* von Max Zimmering und stellen fest, dass der Verweis auf dekorative und dekadente Dichtung (des Bürgertums) (Z. 5–8) ein Topos kommunistischer Agitationslyrik ist,
- erkennen den entscheidenden Gedanken des Gedichtes, dass nur die Partei jeglicher Arbeit, auch der des Dichters, Sinn verleihen kann,
- tauschen ihre Assoziationen über die Fotografie zu dem Kapitel *Partei* (SH, S. 57) aus,
- prüfen parolenartige Zweizeiler aus den Partei-Gedichten des SHs darauf, ob sie ihnen akzeptabel/nicht akzeptabel erscheinen.

3 Unterrichtsverlauf

3.1 Die SchülerInnen tauschen ihre Assoziationen über die Fotografie zu dem Kapitel *Partei* (SH, S. 57) aus.

3.2 Um die disziplinierende Wirkung der Partei in Bechers Gedicht zu verstehen, informieren sie sich über die Grundsätze der von Lenin entwickelten Lehre von der proletarischen Partei (vgl. LH, S. 40 f.).

3.3 Sie lesen den Rundfunk-Dialog Bechers mit Benn *Können Dichter die Welt ändern?* und stellen fest, dass Becher sich auch bei öffentlichen Diskussionen strikt im Sinne des Marxismus/Leninismus, und das heißt im Sinne der Partei äußerte.

3.4 Sie erkennen, dass Becher die strenge Form des Sonetts als geeignet erschien um damit Disziplinierung durch die Partei darzustellen.

3.5 Sie diskutieren über die Glaubwürdigkeit der Folgen, die nach Bechers Meinung (Z. 3–5) eingetreten wären, wenn die Partei ihn nicht „bewahrt" hätte.

3.6 Sie vergleichen *Die Partei* mit *L'art pour l'art* von Max Zimmering um zu erkennen, dass kommunistische Agitationslyrik bürgerliche Lyrik oft als dekorativ und dekadent diffamiert(e).

3.7 Sie diskutieren, was Dichtung gewinnt und was sie verliert, wenn nur die Partei ihr Sinn verleihen kann.

3.8 Sie sammeln Zweizeiler aus den im SH abgedruckten Gedichten zum Thema Partei und diskutieren über deren Akzeptanz, z. B.:

„Sie sagt dir, wie über Schweres
Der Weg zum Leichten geht“ (H. Grabner, SH, S. 65, Z. 23 f.)
„Partei! Partei! Wer sollte sie nicht nehmen,
die noch die Mutter aller Siege war!“ (G. Herwegh, SH, S. 58, Z. 1 f.)
„Wer *über* den Partein sich wähnt mit stolzen Mienen,
der steht zumeist vielmehr beträchtlich *unter* ihnen.“
(G. Keller, SH, S. 59, Z. 1 f.)

Hans Magnus Enzensberger
Über die Schwierigkeiten der Umerziehung (vgl. auch LH, S. 45 f.)

1 Unterrichtszusammenhang

Das Werk von Hans Magnus Enzensberger ist ein Beispiel dafür, dass es immer auf die historische und gesellschaftliche Situation ankommt, ob ein Autor das Motiv „politische Erziehung“ ernst meint oder eher mit Satire seine Distanz dazu bekundet. In der bei der politischen Erziehung affirmativen Adenauer-Zeit war es Enzensberger der 1957 eine neue Weiche stellte mit *Ins lesebuch für die oberstufe:*

„lies keine oden, mein sohn, lies die fahrpläne:
sie sind genauer. roll die seekarten auf,
eh es zu spät ist. sei wachsam, sing nicht.
der tag kommt, wo sie wieder listen ans tor
schlagen und malen den neinsagern auf die brust
zinken. lern unerkannt gehn, lern mehr als ich:
das viertel wechseln, den pass, das gesicht.
versteh dich auf den kleinen verrat,
die tägliche schmutzige rettung. nützlich
sind die enzykliken zum feueranzünden,
die manifeste; butter einzuwickeln und salz
für die wehrlosen. wut und geduld sind nötig,
in die lungen der macht zu blasen
den feinen tödlichen staub, gemahlen
von denen, die viel gelernt haben,
die genau sind von dir.“ (a. a. O., S. 81)

Als 1971 noch die Mehrheit der sog. Neuen Linken naiv darauf setzte, dass mit Bewusstseinsveränderung auch entsprechend konsequentes Handeln einherginge, schrieb er, den folgenlosen akademischen Enthusiasmus der MitläuferInnen und das Beharrungsvermögen der umzuerziehenden Bürger und BürgerInnen richtig einschätzend, *Über die Schwierigkeiten der Umerziehung*.

2 Unterrichtsziele

Die SchülerInnen

- erkennen mit Hilfe der Lehrkraft, dass die Refrain-Verse „Wenn nur die Leute nicht wären“ und die Z. 23 und 24 (SH, S. 69) besonders der Neuen Linken ins Stammbuch geschrieben sind: Gerade die Neue Linke hatte mit akademischem Hochmut über die von ihr so oft zitierte Klientel, über das Proletariat, hinweggeredet. In großen Teilen selbst kleinbürgerlich geblieben hatte sie die Schimpfe „Kleinbürgerliches Schwanken! Konsum-Idioten!“ (Z. 23 f.) zu ihrer eigenen Entlastung zu Stereotypen gemacht,
- begreifen aber, dass sich Enzensbergers Kritik auch historisch versteht und sich deshalb nicht auf die Siebzigerjahre reduzieren lässt: Die historische Perspektive zeigt sich z. B. in den Z. 3–5, die zurückgehen auf den aus der Antike stammenden Begriff „goldenes Zeitalter“ (z. B. des Perikles, des Augustus), auf die linear gegliederte christliche Geschichtsauffassung mit der Erwartung der Wiederkunft Christi und auf die von Max Stirner 1845 entwickelte Lehre des Anarchismus,
- genießen den Witz, mit dem Enzensberger in der 3. Strophe das grenzenlose Ziel der „Befreiung der Menschheit“ (Z. 10) und den großartigen Anbruch eines neuen Milleniums mit Banalitäten wie Friseurbesuch (Z. 11), Bier (Z. 13) etc. ausbremst,
- erkennen, dass die Ironie in den Wenn-nur-nicht-die-Leute-Strophen durch eine Klimax gesteigert wird: Erst die Klage darüber, dass sie alles durcheinander bringen, dann der Vergleich mit dem Sack Flöhe (Z. 22) und schließlich die paradoxe Einsicht, dass man die Zöglinge seiner Mission doch nicht alle umbringen könne,
- suchen im Internet nach Clipartbildern (www.clipart.de) zu der Redensart „Wenn nur nicht die Leute wären“,
- versuchen in arbeitsgleicher Gruppenarbeit, angeregt durch Enzensberger, ein Gedicht zu schreiben „Wenn nur nicht die Leute wären“,
- diskutieren, woran Enzensberger „eigentlich“ Kritik übt:
  - an den (zu) großen Idealen/Ansprüchen,
  - an den „Leuten“,
  - an beiden?

3 Unterrichtsverlauf

3.1 Sie suchen im Internet (z. B. unter www.clipart.de) nach Clipartbildern zu der Redensart „Wenn nur nicht die Leute wären“.

3.2 Lehrervortrag: Weshalb der Refrain „Wenn nur nicht die Leute wären“ und die Z. 23 und 24 der Neuen Linken ins Stammbuch geschrieben sind.

3.3 Gesamte Lerngruppe: Untersuchen Sie, weshalb sich das Gedicht nicht auf die Siebzigerjahre reduzieren lässt.

3.4 Gesamte Lerngruppe: Durch welchen Kunstgriff lässt Enzensberger die alltäglichen Verhaltensweisen in der 3. Strophe besonders banal erscheinen?

3.5 Vergleichen Sie die „Wenn-nur-nicht-die-Leute-wären-Strophen" (2, 4, 6) in Bezug auf die Ironie miteinander!

3.6 Arbeitsgleiche Gruppenarbeit:
Schreiben Sie ein Gedicht *Wenn nur nicht die Leute wären.*
Sammeln Sie vorher Idealvorstellungen, die Sie mit der Redensart konfrontieren können. Denken Sie daran, dass man das Gedicht auch im Wir-Stil oder in der Ich-Form schreiben kann. Sie müssen die Redensart nicht an politische Erziehung knüpfen.

3.7 Gesamte Lerngruppe: Diskussion: Woran übt Enzensberger eigentlich Kritik?

UNTERRICHTSSEQUENZ

Abteilung Mensch weiblich
Situation der Frau

1 Unterrichtszusammenhang

Bisher wurde aus verschiedenen Themenkreisen jeweils ein Gedicht vorgestellt. Hier soll exemplarisch dargestellt werden, wie die Gedichte einer Sequenz einander beleuchten.
Dass in der Epoche der Aufklärung ein relativ freies Meinungsklima herrschte, ist allgemein bekannt. Wie witzig beherzt aber Johanne Charlotte Unzer (1725–1782) auf den Scherz des damals überaus geschätzten Dichters Gleim reagierte, „dass alle Mägdchen Puppen wären" (*Nachricht*, SH, S. 80), das mag selbst den überraschen, der weiß, dass damals z. B. Wochenschriften für Bildung und Anerkennung des weiblichen Geschlechts eintraten. Nicht immer haben Frauen ihre Sache so elegant und zugleich offen vertreten, wie diese durch Rokoko-Lyrik geschulte Dichterin.
Trotz des Freimuts einiger weniger Frauen führt das ein wenig später (1798) verfasste Gedicht *Draußen so heller Sonnenschein* (S. 81) von Dorothea Schlegel vor Augen, wie betrüblich die Situation der ans Haus gefesselten Frau noch zur Zeit der Romantik war. Das Motiv des Gedichtes ist „männliches Pflichtprinzip vs. (romantische) Sehnsucht eines jungen Mädchens nach Welt". Mit dessen beträntem Gesicht schließt das Gedicht; denn für die Frauen dieser Epoche galt:

„Erlaubt wird, was dir gebührt,
Tust du erst deine Pflicht!“ (S. 81, Z. 11 f.)

Auf den Kampf der Suffragetten in England und den USA für die (politische) Gleichberechtigung der Frauen nimmt das Gedicht von Renate Rasp *Suffragetten* (S. 82) von 1978 Bezug. Es sind in erster Linie Männer, die den Kampf der Frauenbewegung so langwierig und schwierig gemacht haben. Dass sich Frauen dabei auch selbst im Wege standen, thematisiert Rasps Gedicht in epigrammatischer Kürze.

Die Bemühungen von Frauen um Gleichberechtigung haben ihr Ziel noch lange nicht erreicht, wenn Männer immer noch – häufig ungestraft – Gewalt gegen Frauen ausüben können. Kräftners Gedicht *Abends* (S. 82) von 1981 behandelt dieses Thema mit „gnadenlosem“ Realismus und zeigt, wie die geschlagene Frau die Ursachen der alltäglichen Gewalt des Mannes nicht begreifen kann, sodass es schwierig ist, dieses erschütternde Gedicht zu verdrängen.

In *Im ersten Licht* (S. 83), syntaktisch und rhythmisch meisterhaft gestaltet, spricht Karin Kiwus mit erfrischender Ehrlichkeit über die desillusionierte Beziehung zu einem Mann, den sie zu lieben glaubte. Diese Geradlinigkeit im Verhältnis der Geschlechter scheint einen neuen Umgang anzukündigen, der ohne das gewachsene Selbstbewusstsein der Frau nicht möglich wäre.

Das Liebesgedicht von Ulla Hahn *Nie mehr* (S. 84) scheint auf den ersten Blick nicht in das Umfeld von Gedichten zu passen, die als politische Lyrik erkennbar sind. Die Situation der Frau und damit auch das Verhältnis der Geschlechter ist gesellschaftlich veränderbar und wird dadurch zum Politikum. In dem Themenkreis „Situation der Frau“, in dem so oft die notwendige Konsequenz zur Veränderung angemahnt wird, sollte eine kontrastierende Erkenntnis aus Hahns Gedicht nicht fehlen: Liebe ist inkonsequent und beweist sich gerade dadurch.

Es ist selbstverständlich, dass zur Situation der Frau vor allem Dichterinnen zu Worte kommen. Mit *Mannomann* (S. 85) von Günter Grass wurde eine Ausnahme gemacht, weil sich das Gedicht glaubwürdig von machohaftem Verhalten distanziert. Es macht sich lustig über jenen Typ Mann, der sich stets beweisen muss und dadurch am Ende seiner Kräfte angekommen ist. Weil er so oft den starken Mann gemimt hat, wird von ihm erwartet, dass er ihn immer weiterspielt. Nun soll er seine Abschiedsvorstellung geben. Er hat sich selbst auf binäres Verhalten reduziert. Deshalb erscheint er in der letzten Zeile wie ein Stehaufmännchen, das nur noch stehen oder fallen kann.

Den Abschluss der Sequenz bildet *Umsturz* (S. 86) von Ursula Krechel mit einem positiven Ausblick. Das lyrische Ich überträgt den politischen Begriff „Umsturz“, der eine gelungene Revolution bezeichnen kann, auf die Veränderung der individuellen Lebensführung. Die alten Bekannten werden aufgefordert „den leeren Käfig“ (S. 86, Z. 12), das Symbol für die verlassene Gefangenschaft, ins historische Museum zu stellen, in jene Abteilung, die traditionelle Weiblichkeit vorführt. Mit diesem Akt ist die Rückkehr zur alten Lebensführung bewusst abgeschnitten.

2 Unterrichtsziele

Um einen Überblick über die gesamte Sequenz „Situation der Frau“ zu erhalten werden hier für die einzelnen Gedichte die Unterrichtsziele nicht detailliert angegeben; Konzentration auf das Wesentliche ist erforderlich.

Die SchülerInnen

- begreifen, dass die Situation der Frau historischen und gesellschaftlichen Veränderungen unterworfen und damit veränderbar ist (Unterrichtsziel 1),
- erkennen, dass die Gedichte des Themenkreises den Kampf der Frauen um Gleichberechtigung in jeder Hinsicht mit den Männern spiegeln und befördern wollen (Unterrichtsziel 2),
- erfahren, dass nicht nur inhaltlich das Engagement für die Emanzipation der Frauen über die Aufnahme der Gedichte entschieden hat, sondern auch deren ästhetische Qualität (Unterrichtsziel 3),
- erkennen, dass *Nachricht* von Johanne Charlotte Unzer eine geistreiche Antwort auf den Scherz eines Dichters ist; eine Markierung auf dem langen Weg der Frauen zu ihrer immateriellen Behauptung (Unterrichtsziel 4),
- erschließen, dass die anspruchsvolle Form von Unzers Gedicht weit über das damals übliche anakreontische Getändel um Liebe, Wein und Geselligkeit hinausgeht (Unterrichtsziel 5),
- bleiben bei *Draußen so heller Sonnenschein* von Dorothea Schlegel nicht bei dem oberflächlichen Motiv „Eingesperrtsein in der Kindheit“ stehen, sondern dringen zu der eigentlichen Aussage durch: Das männliche Pflichtprinzip verschließt sich der Sehnsucht eines jungen Mädchens nach Welt (Unterrichtsziel 6), Hinweis: Es bietet sich an, Droste-Hülshoffs *Am Turme* (1842) mit Schlegels Gedicht zu vergleichen,
- erfahren typisch romantische Züge des Gedichtes von Schlegel: z. B. wird dem unerbittlichen, vom Manne definierten „Sein“ der positiv besetzte Begriff „Schein“ gegenübergestellt (Unterrichtsziel 7),
- vergewissern sich über die historische Leistung der Suffragetten und erkennen, dass Renate Rasp ihrem „langen Marsch“ auf dem Weg zur Gleichstellung der Frau huldigt (Unterrichtsziel 8),
- erkennen aber auch Rasps ehrliche Aussage, dass Frauen sich bei dem Kampf um Gleichberechtigung selbst im Wege standen, gewiss nicht als Alibi für reaktionäre Männer zu verstehen (Unterrichtsziel 9),
- begegnen in Hertha Kräftners Gedicht *Abends* der immer noch real existierenden Gewalttätigkeit vieler Männer, die ein Teil betroffener Frauen – wie in diesem Gedicht – in ihrem Leid weder begreifen noch ändern kann (Unterrichtsziel 10),
- verstehen, dass die Formelemente von Kräftners Gedicht die Gewalttätigkeit herausarbeiten: Der stauende Rhythmus bannt die ungeheuren Aktionen wie in Zeitlupe, Zeilensprünge akzentuieren einzelne Wörter, Reime unterlegen schrill das Unfassbare (Unterrichtsziel 11),

- lernen *Im ersten Licht* von Karin Kiwus als ein Beispiel für eine unverstellte Sicht zwischen den Geschlechtern kennen, die einen neuen Umgang ankündigt, der ohne das gewachsene Selbstbewusstsein der Frau nicht möglich wäre (Unterrichtsziel 12),
- entdecken die meisterhafte Komposition dieses Gedichtes: Fünf anaphorische Wenn-Sätze laufen auf den abschließenden Dann-Satz, die Erkenntnis, zu. Diese lange Periode von gedankenloser Trunkenheit zu unverschleierter Klarsicht fließt rhythmisch ohne jeden „Anstoß". Sie enthält fein abgestimmte Antithesen, s. Interpretation, LH, S. 55 (Unterrichtsziel 13),
- verstehen *Nie mehr* von Ulla Hahn als „private" Auflockerung in einem Umfeld von Gedichten, welche die Situation der Frau historisch und gesellschaftspolitisch beleuchten,
- begreifen, dass *Mannomann* von Günter Grass jenen Typ Mann vorführen soll, der sich stets beweisen muss und dadurch ans Ende seiner Kräfte gelangt und sie begreifen, dass die Frauenbewegung viel dazu beigetragen hat, dass immer mehr Männer bereit sind Wesenszüge dieses Eisenhans in sich selbst zu bekämpfen, damit sie sich fallen lassen können (Unterrichtsziel 15),
- dechiffrieren die Bedeutung der ironischen Stereotypen in *Mannomann*, die zum Verhaltensrepertoire eines Machos gehören (Unterrichtsziel 16),
- erkennen am Beispiel der veränderten individuellen Lebensführung einer Frau in *Umsturz* von Ursula Krechel, dass sich mehr als nur eine private Wandlung vollzogen hat, dass Emanzipation zur Lebensmaxime geworden ist (Unterrichtsziel 17),
- entschlüsseln die Metaphern als Allegorien für angepasste Lebensweisen (Unterrichtsziel 18).

3 Unterrichtsverlauf

3.1 Die SchülerInnen befragen ihre Großeltern und/oder andere Menschen in diesem Alter, wodurch in deren Jugendzeit die Lebensführung der Frau wesentlich bestimmt wurde: Die Frau sollte ihre Unschuld mit in die Ehe bringen, dem Manne das Gefühl geben zu ihm aufzusehen, (in der Schule) keine Hosen tragen etc.

3.2 Sie stellen dieselbe Frage ihren Eltern: Unschuld der Frau vor der Ehe wurde nicht mehr erwartet. Der Anteil berufstätiger Frauen ist stark gestiegen. Die Frau ist dem Mann in mancher Hinsicht gleichgestellt, aber sie hat nicht immer den gleichen Verdienst wie er, etc.

3.3 Sie diskutieren die Unterschiede von 3.1 und 3.2, vergleichen sie mit der Situation der Frau in ihrer Generation und vollziehen so die Erkenntnis von Unterrichtsziel 1.

3.4 Sie lesen zu Hause alle Gedichte des Themenkreises „Situation der Frau". Sie diskutieren darüber, ob und mit welcher Begründung man auch andere Gedichte als *Nachricht* von J. C. Unzer an den Anfang der Sequenz stellen könnte. Sie erkennen, dass sich Unzers Gedicht historisch als Einleitung eignet, weil es eine Markierung auf dem langen Weg zur immateriellen Behauptung der Frau darstellt (Unterrichtsziel 4).

3.5 *Nachricht* geht über das unverpflichtende Spiel anakreontischer Lyrik hinaus (Unterrichtsziel 5).

3.6 Das männliche Pflichtprinzip verschließt sich der Sehnsucht eines jungen Mädchens nach Welt (Unterrichtsziel 6).
Diskussion: Gibt es in den westlichen Industrienationen oder in Entwicklungsländern Lebensbereiche, aus denen Männer Frauen ausschließen? Gründe dafür? Veränderungsmöglichkeiten?

3.7 *Draußen so heller Sonnenschein* als Gedicht der Romantik. Vergleiche mit *Reisen* und *Aus dem Leben eines Taugenichts* von Eichendorff sowie mit *Am Turme* von Droste-Hülshoff (s. Interpretation, LH, S. 52 f.).

3.8 Renate Rasp huldigt den Suffragetten, erkennt aber, dass sich Frauen bei dem Kampf um Gleichberechtigung selbst im Wege standen (Unterrichtsziele 8 und 9).
Arbeitsteilige Gruppenarbeit:
Sammelt Abbildungen von Suffragetten aus Geschichtsbüchern und Zeitschriften.
Verkleidet euch als Suffragetten und haltet eine Rede über das, was die Gleichstellung der Frauen heute noch behindert.
Bereitet ein Streitgespräch zwischen Suffragette und Macho (wie in Grass' *Mannomann* dargestellt) vor.

3.9 Beschafft euch Material unter dem Stichwort „Männer schlagen Frauen" und diskutiert über die Gewalttätigkeit von Männern und deren Ursachen.

3.10 Wie äußert sich die Gewalttätigkeit von Männern in Kräftners Gedicht *Abends* (Unterrichtsziel 10)?

3.11 Wie unterstreicht Kräftner den Inhalt durch die Gestaltung (Unterrichtsziel 11)?

3.12 Sammelt Videoaufnahmen zum Selbstbewusstsein (junger) Frauen heute und diskutiert darüber. Wie zeigt sich dieses in *Im ersten Licht* (Unterrichtsziel 12)?

3.13 Die gelungene Komposition des Gedichtes von Kiwus (Unterrichtsziel 13).

3.14 Lest *Nie mehr* von Ulla Hahn. Sprecht darüber nur, wenn ihr Lust habt.

3.15 Erschließung des Inhalts und der Gestaltung von *Mannomann*. (Unterrichtsziele 14 und 15). Diskutiert: Günter Grass als „Einschmeichler" bei der Frauenbewegung oder zu wessen Nutzen karikiert er das männliche Geschlecht?

3.16 Ursula Krechel: *Umsturz:* Emanzipation der Frau als Lebensmaxime. Metaphern für mehr als nur individuellen Umsturz (Unterrichtsziele 17 und 18).

3.17 Schreiben Sie aus der Sicht der Frau oder des Mannes zu dem Thema Gleichberechtigung der Frau ein Gedicht oder eine Kurzgeschichte oder einen Sketch, den Sie spielen, oder zeichnen Sie eine Wegstrecke mit Markierungen, die auf dem Weg der Gleichberechtigung noch fehlen.

VERZEICHNIS DER ZITIERTEN LITERATUR

Brecht, Bertolt: An die Nachgeborenen. In: Werke. Große kommentierte Berliner und Frankfurter Ausgabe, Band 12. Frankfurt a. M.: © Suhrkamp Verlag 1988

Brecht, Bertolt: Befragt über sein Verhältnis zur Natur [...]. In: Werke. Große kommentierte Berliner und Frankfurter Ausgabe, Band 18. Frankfurt a. M.: © Suhrkamp Verlag 1995

Brecht, Bertolt: Aber jedermann, der eine revolutionäre Erhebung [...]. In: Werke. Große kommentierte Berliner und Frankfurter Ausgabe, Band 23: Schriften 3. Frankfurt a. M.: © Suhrkamp Verlag 1993

Büchl, Alois: Lebensfahrt als Winterreise. Zwei große Interpretationen von Schuberts letztem Liederzyklus. In: FAZ vom 10. 2. 1992

Das Lexikon der Weltgeschichte. München Bertelsmann 1998

Eich, Günter: Träume. Hörspiel. Text und Materialien. Bearb. von Klaus Klöckner. Berlin: Cornelsen 1996

Eigenwald, Rolf: Talent und Gesinnung. Anmerkungen zur Poetik des politischen Gedichts. In: projekt deutschunterricht 8. Politische Lyrik. Stuttgart: Metzler 1974, S. 127 ff.

Emmerich, Wolfgang: Kleine Literaturgeschichte der DDR. Erweiterte Neuausgabe. Berlin: Aufbau ^{2}2000

Enzensberger, Hans Magnus: Die Gedichte. Frankfurt a. M.: © Suhrkamp Verlag 1983

Forytta, Claus u.a.: Unterrichtseinheit: Moderne Kindergedichte. In: projekt deutschunterricht 8. Politische Lyrik. Stuttgart: Metzler 1974, S. 164 ff.

Harenberg: Lexikon der Weltliteratur. 5 Bde. Studienausgabe Dortmund 1995

Hildesheimer, Wolfgang: Enttäuschung einkalkuliert. In: Frauen dichten anders, hrsg. v. Marcel Reich Ranicki. Frankfurt a. M.: Insel 1998, S. 700 ff.

Hinderer, Walter: Probleme politischer Lyrik heute. In: Kuttenkeuler, Wolfgang: Poesie und Politik. Bonn: Bundeszentrale für politische Bildung. Stuttgart 1973, S. 91 ff.

Hutchinson, Peter: Der Garten des Theophrast – An Epitaph for Peter Huchel? In: German Life & Letter 24/1971, S. 56 a ff. Übersetzt v. A. Praesent

Klute, Wilfried: Sag mir, wo die Bäume sind. Text- und Arbeitsbuch zur Naturerfahrung. Frankfurt a. M.: Hirschgraben 1987

Korte, Hermann: Geschichte der deutschen Lyrik seit 1945. Stuttgart: Metzler 1989

Leicht, Robert: Dummheit und Stolz wachsen auf einem Holz. In: Die Zeit, 44/2000/Politik

Loewy, Ernst: Literatur unterm Hakenkreuz. Frankfurt a. M.: Fischer Bücherei 1969

Pleticha, Herbert (Hrsg.): Deutsche Geschichte. 12 Bde. Gütersloh: Bertelsmann. Sonderausgabe 1987

Reich-Ranicki, Marcel (Hrsg.): Frauen dichten anders. Frankfurt a. M.: Insel 1998

Schlenstedt, Silvia: ... reden von uns. In: Hohendahl, Peter Uwe u. Herminghouse, Patricia (Hrsg.): Literatur und Literaturtheorie in der DDR. Frankfurt a. M. 1976

Schöne, Albrecht: Über politische Lyrik im 20. Jahrhundert. Göttingen: Vandenhoek & Ruprecht 1969

Zitierte Literatur, die im Quellenverzeichnis des SHs enthalten ist, wird hier nicht noch einmal erwähnt.